EDMOND BONNAFFÉ

Eugène Piot

PARIS
ÉTIENNE CHARAVAY
4, rue Furstenberg, 4
M DCCC XC

EUGÈNE PIOT

DU MÊME AUTEUR

CAUSERIES SUR L'ART ET LA CURIOSITÉ. *Ouvrage couronné par l'Institut.* In-8º raisin, frontispice de Jules Jacquemart.

LES COLLECTIONNEURS DE L'ANCIENNE ROME. Petit in-8º. *Épuisé.*

LES COLLECTIONNEURS DE L'ANCIENNE FRANCE. Petit in-8º.

INVENTAIRE DE LA DUCHESSE DE VALENTINOIS. In-8º, eaux-fortes.

RECHERCHES SUR LES COLLECTIONS DES RICHELIEU. In-8º, gravures.

LE SURINTENDANT FOUCQUET. In-4º raisin, gravures. *Épuisé.*

DICTIONNAIRE DES AMATEURS FRANÇAIS AU XVIIᵉ SIÈCLE. In-8º raisin.

INVENTAIRE DES MEUBLES DE CATHERINE DE MÉDICIS. In-8º, eau-forte. *Épuisé.*

LE CATALOGUE DE BRIENNE. Petit in-8º. *Épuisé.*

PHYSIOLOGIE DU CURIEUX. Petit in-8º.

LES PROPOS DE VALENTIN. Petit in-8º.

BORDEAUX IL Y A CENT ANS. In-8º jésus, eau-forte.

LE MEUBLE EN FRANCE AU XVIᵉ SIÈCLE. In-4º, 120 dessins.

LE COFFRET DE L'ESCURIAL. Plaquette in-4º, gravures. *Épuisé.*

SABBA DA CASTIGLIONE. Plaquette in-8º, eauforte. *Épuisé.*

LE MAUSOLÉE DE CLAUDE DE LORRAINE. Plaquette in-8º, gravures. *Épuisé.*

LES FAÏENCES DE SAINT-PORCHAIRE. Plaquette in-8º, gravures.

Paris. — Imprimerie de l'Art. E. MÉNARD ET Cⁱᵉ, 41, rue de la Victoire.

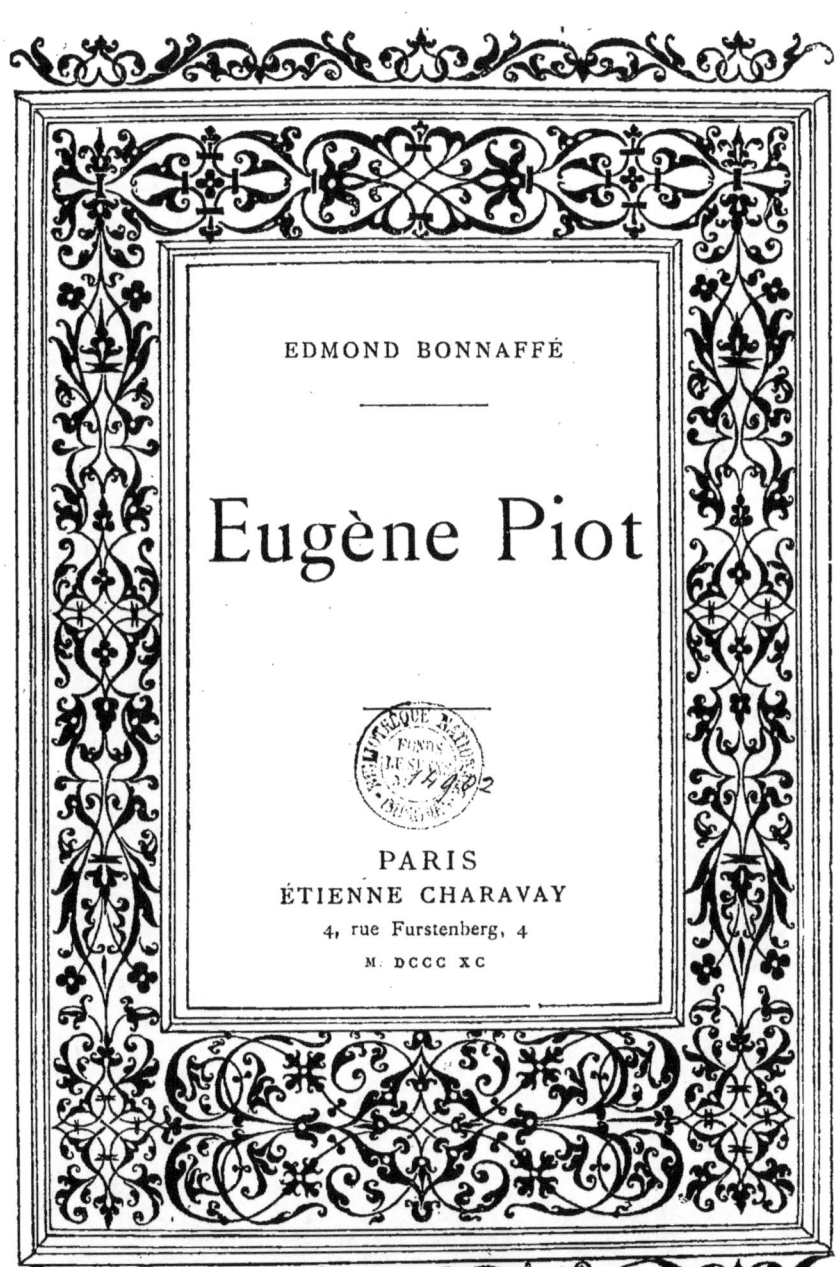

EDMOND BONNAFFÉ

Eugène Piot

PARIS
ÉTIENNE CHARAVAY
4, rue Furstenberg, 4
M. DCCC XC

EUGÈNE PIOT

I

EUGÈNE PIOT est né à Paris en 1812. Son père, qui habitait Tournus, en Bourgogne, voulait en faire un agriculteur, et le laissa jusqu'à l'âge de treize ans, dans son domaine de Germolles, sans s'occuper de son éducation. Ce fut sur les instances du baron Alibert, médecin de Louis XVIII et ami de la famille, qu'il consentit à mettre son fils chez un professeur. A vrai dire, élevé en liberté, l'humeur indépendante et déjà volontaire, le jeune écolier s'accommodait mal du régime de la pension et préférait à la classe les parties chez son ami Montigneul, fils du marchand de curiosités, où l'on s'amusait à coiffer les casques de la Renaissance, à revêtir les vieilles cuirasses et à faire jouer les arquebuses.

Son père mourut en 1832, lui laissant une petite fortune. Dès lors, maître de lui-même, Piot se jette à corps perdu dans la mêlée parisienne. Ardent au plaisir, la tête chaude et batailleuse, passionné pour la politique, la danse, la musique et le romantisme, il mène de front le plaisir et le travail, passe du bal de l'Opéra aux cours de baccalauréat, de l'École de Danse à l'École de Droit, et surtout visite les quais, les boulevards et le Carrousel, à la recherche des vieux livres et des vieilles estampes. « Votre bibliomanie en est-elle donc venue à vous absorber complètement, lui écrit un ami de Bourgogne; vous ne me dites pas un mot de *Marie Tudor* et des nouvelles publications du grand Victor, ni des Français, ni de l'Opéra, ni de Julie Grisi; et cependant vous êtes plutôt à tout cela qu'aux Grecs et aux Latins. »

En 1835, Piot s'installe impasse du Doyenné, au cœur même du romantisme, près de son ami Théophile Gautier.

Il a laissé quelques notes, malheureusement bien incomplètes, sur son séjour dans « ce petit camp de Jeunes-France, qui ne juraient que par Victor Hugo. L'appartement de Rogier était, dit-il, le centre de nos réunions; lorsqu'elles étaient nombreuses, on y ajoutait le mien, situé sur le même palier. » Rogier, excellent aquarelliste, un des illustrateurs ordinaires de Victor Hugo, « était le boute-en-train de la bande. On le trouvait toujours assis devant son chevalet. Il suppléait à l'observation du paysage ou des œuvres d'une certaine étendue, par une lorgnette qui ne le quittait pas. Je crois encore le voir, fermant les yeux, après son examen, semblable à un photographe qui ferme son objectif après avoir impressionné la plaque qui doit conserver l'objet. Il a fourni plus tard une brillante carrière administrative. — Il y avait encore Hauréau, quelque peu poète, bien jeune et déjà grave de maintien, pour qui Théophile éprouvait une grande sympathie. Hauréau publiait alors, sous le titre significatif de *la Montagne,* une série de portraits révolutionnaires. C'est à lui qu'est adressée la belle pièce de vers *à un ieune Tribun*, de *la*

Comédie de la Mort. — Léonce Leroux, aujourd'hui le doyen des collectionneurs parisiens. C'était alors un des fondateurs du canotage de la Seine. Il avait en outre à son avoir quelques sonnets que Théophile, dont il était le camarade de classe, aimait beaucoup. »

« Arsène Houssaye et Édouard Vandal, juchés, eux aussi, dans la même maison, ne tardèrent pas à venir se joindre à nous. Des peintres et des sculpteurs, je n'en parle pas; la nature de leurs occupations leur laissant moins de loisir qu'aux poètes. Mais, au besoin, ils ne faisaient pas défaut..... »

D'autres amis, sans loger dans l'impasse, faisaient partie du cercle. C'étaient Gérard de Nerval, Petrus Borel, Bergeron, Dupoty, Alphonse Esquiros, Hippolyte Lucas, Alexandre Weill, Tréveneuc, Villot, Chenavard, Édouard Ourliac, etc.[1]

Comme de raison, Théophile Gautier était le demi-dieu du cénacle. Plus âgé que Piot de quelques années, il l'avait pris sous son patronage littéraire et s'était mis en tête de lui apprendre le latin :

> Mon cher Eugène, lui écrit-il (1836), je vous annonce un pédant superfin, cuistre de première qualité, auteur de plusieurs grammaires, qui vous démontrera le latin de cuisine, le latin macaronique et tous les latins que vous voudrez, même le grec ou le français, le calcul et les droits de l'homme sur la femme. Il s'appelle M. X.; il a trente-six ans, ce qui est très vieux pour un cheval et un âge convenable pour un poseur de diphthongues. Ne le prenez pas pour un bonjourier ou un mouchard, et ne le mettez pas à la porte.

Dans ce milieu jeune, remuant, débordant de sève,

---

[1]. Voir à l'Appendice quelques pièces inédites de Théophile Gautier et de Gérard de Nerval.

l'argent était plus rare que l'esprit, et la petite fortune de Piot en faisait une manière de nabab. Il ouvrait volontiers sa bourse aux uns et aux autres, aimait le plaisir, les fêtes, pour lui et pour ses amis, en faisait les frais d'assez bonne grâce et ne dédaignait pas le rôle de Mécène au petit pied. Si bien qu'un beau jour, les bals, la curiosité, les livres, les amis et le reste finirent par entamer une bonne partie du capital paternel.

Il fallait aviser. Heureusement, malgré ses attaches romantiques, le jeune homme était resté fidèle à son culte pour les arts. Il avait déjà tous les dons du curieux, un flair très affiné, une mémoire prodigieuse, les instincts du chasseur et l'art de dissimuler, qui est la vertu obligatoire du prince et du collectionneur. Son bagage d'érudit commençait à prendre tournure. On le rencontrait sans cesse au Louvre et dans les Bibliothèques, étudiant les tableaux, les statues, les estampes et les antiques, comparant les styles et les procédés, relevant les dates, les signatures et les monogrammes, ou penché sur les livres et prenant des notes. Quand Gautier parlait de lui, il l'appelait majestueusement *notre paléographe!* Le moment était venu de compléter cette éducation première et d'élargir son horizon en allant sur place étudier les vieux maîtres.

Piot quitta résolument l'impasse du Doyenné, et partit pour les bords du Rhin, la Belgique et la Hollande. Gautier l'avait chargé de lui rapporter des notes sur la peinture :

« 15 ᶠ de copie!!! — Mon cher Eugène, tu me demandes quelques explications; je te dirai ce que je sais. Il faut voir à Cologne beaucoup d'Albert Durer, d'Hemlinck, de Quantin Matsys, de Franz Flore, d'Holbein, de Lucas de Leyde, de Jean de Bruges et autres de l'école allemande et religieuse.

« Quant au Vanderwerf, ne t'en préoccupe pas autrement; c'est à peu près un cuistre qui a appliqué à l'histoire la manière de Drolling et qui recure ses personnages comme des casseroles. Gerard Dow vaut mieux infiniment, mais si tu trouves des Metzu et des Terburg, regarde-les à deux fois. Tache de découvrir des Adrien Brawer et des Craësbecke, je ne connais rien de ces maîtres. Si tu rencontres un Everdingen, fais-m'en deux pages de description; c'est un maître dans le goût de Salvator Rosa. J'ai vu une cascade de lui, à la vente Erard, — magnifique. On dit aussi qu'il y a par là, à la Haye, Dordrecht ou je ne sais où, des Rembrandt clairs et blonds comme de l'or; attention triple sur ceux-là. Le portrait de l'amiral Tromp et de sa femme faisait l'effet du plus beau Paul Veronèse. — A Dusseldorf, ouvre des yeux comme des portes-cochères, ou comme des arcs de triomphe, pour voir la précipitation des Anges de Rubens; c'est un diamant de couleur. Cette immensité n'a que quatre ou cinq pieds de haut. Je crois que le passage du Thermodon s'y trouve aussi.

« En peintures modernes, il y a Schadow, Bendemann, Hubner et Sonderland, ce dernier très bizarre. Il applique le style de Michel-Ange à des sujets de marchands de poisson et autres scènes de ce genre.

« Quant à la manière de prendre des notes sur ces peintures, il faut décrire exactement, et insister sur les côtés singuliers et caractéristiques de chaque peintre, faire à peu près ce que je fais pour donner idée d'un tableau : peu de réflexions, de verbiage et d'idées synthétiques; la chose, la chose et toujours la chose. A Anvers, des Rubens, des Jordaens, des Van Dick; à Bruxelles, des Rubens, des Jordaens, des Van Dick; à Gand, des Rubens, des Jordaens, des Van Dick; et partout ainsi. C'est effrayant. Ou les trois quarts de ces tableaux sont apocryphes, ou nous sommes devenus de fiers lâches; car trente peintres modernes ne feraient pas dans toute leur vie la moitié de l'œuvre d'un de ces maîtres. Essaie de distinguer les plus gros et d'établir un type certain de ces trois maîtres. Voilà à peu près le plan de ta campagne pittoresque. Excuse mon gribouillage, je n'ai pas encore la patte bien libre. — Je te salue, ô Piot plein de grâces.

En 1839, Piot va en Allemagne. C'était son vrai début; car je ne compte pas l'excursion en Italie (1838), voyage d'essai pour s'orienter et reconnaître le terrain avant d'entrer sérieusement en campagne.

Le voilà donc en route; il ne sait pas un mot d'allemand, qu'importe? Il a dans sa poche un questionnaire qu'il a composé lui-même pour son usage personnel, et qu'il s'est fait traduire en allemand : « *Bonjour, Monsieur; pouvez-vous me faire visiter votre cabinet d'antiquités?* — *Avez-vous des armes anciennes, des curiosités de Saxe et de Sèvres, des ivoires sculptés, des dentelles, des vitraux peints, des bijoux anciens?* — *Je ne veux voir que de belles choses.* — *Je veux des tableaux de l'École flamande et hollandaise.* — *Monsieur, je veux des livres anciens, français, latins et italiens, du quinzième et du seizième siècle.* — *Avez-vous des manuscrits, des éditions d'Alde, des Elzévirs brochés?* » Le questionnaire est piquant : il nous montre notre amateur sous un aspect imprévu, recherchant les vieux livres, ce que nous savions déjà, mais encore les hollandais et les flamands, les objets de Saxe et les dentelles, ce qui ne laissera pas de surprendre ceux qui l'ont connu dans ses dernières années.

Il va ainsi d'Allemagne en Autriche, d'Autriche en Hongrie, et revient par le Danemark et la Hollande. Entre temps, il adresse des lettres à *l'Artiste* sur la peinture moderne en Allemagne. A Francfort, son ami Viel-Castel a un duel, et c'est Piot qui lui sert de témoin. A Pesth, il va au théâtre entendre *Ruy Blas* traduit en hongrois. Partout, il explore les bibliothèques, les musées, les magasins de livres et d'antiques, et revient en France, les caisses pleines d'objets curieux, et le portefeuille bourré de notes sur Rembrandt, Rubens, Cornelius, les statues éginétiques, les estampes, les livres et les porcelaines.

L'année suivante (1840), il emmène son ami Théophile Gautier en Espagne. Tout le monde a lu le récit de ce voyage *Tra los montes,* merveilleusement raconté par Gautier, et dédié par lui *à mon ami et compagnon de voyage* Eugène Piot. Celui-ci n'a pas laissé de journal, mais son dossier de voyage est complet, car en vrai collectionneur, il n'oublie rien et conserve tout. Billets de diligence, factures, imprimés, notes d'hôtel sont criblés, au revers, de remarques sur Goya, sur l'école espagnole, sur les cuirs de Cordoue et les faïences hispano-moresques; tout cela écrit à bâtons rompus, au courant de la plume ou du crayon. Plus loin, les *Caprices* avant la lettre, des eaux-fortes de Lucas, un billet du professeur de danse qui lui donne des *lecciones de fandango,* l'affiche du théâtre, annonçant pour le soir *Hernani o el honor Castellano;* entendre *Hernani* en espagnol, et en Espagne, quel rêve pour deux fanatiques du Maître! Ailleurs, les lettres des amis parisiens, des quittances de libraires et de marchands, des chansons espagnoles, des autographes de Théophile Gautier, et les tendres adieux des jeunes gens aux *senoras* de Castille et d'Andalousie : « *Diga Vd a la senora Rosario que tantas vezes me hizo enrabiar con su diabolico mirimiri tirititi, y otras palabras que no son cristianas, que la quiero mucho.* » C'est Gautier qui écrit ces jolies choses, et il ajoute son adresse : « *Vivimos, mi companero en la calle de Nuestra Senora Lauretana, Nº 37, y yo en la de Navarin, Nº 14.* » Piot, à son tour, prend sa meilleure plume de Tolède et libelle une déclaration incendiaire : « *En dos o tres dias, Teofilo se marchara para Cordoba,*

Cadix, Sevilla. Yo resto ; la sola maravilla que deseo ver es Vd. » Ce qui n'empêche pas nos deux voyageurs de partir ensemble et de regagner Paris, « assassinés par trois jours de mule et huit jours de galère, volés par les aubergistes et livrés aux bêtes sur de minces matelas. »

Le voyage d'Espagne devait être suivi d'un voyage en Orient. « Qu'est-il advenu de nos projets de voyage ? » lui écrit plaisamment son ami Alexis de Valon. « Répondez-moi si je puis, sans crainte, me laisser venir l'O-rient à la bouche ; — et quel sera votre itinéraire ; — et à quelle époque notre départ ? — Vous ne pouvez pas me laisser le bec dans l'O-rient jusqu'à l'hiver. Vous ne pouvez pas non plus m'emmener subitement, sans m'avoir crié gare. »

Quelle inspiration funeste le retint à Paris et le jeta dans le journalisme politique ? Son ami Godefroy Cavaignac venait de fonder le *Journal du Peuple;* Piot prend des actions et fournit le cautionnement : il sera le *Directeur du Feuilleton* [1]. Hélas ! le malheureux n'était pas fait pour la conduite d'un bureau et la copie à heure fixe. Cavaignac avait beau le « prier instamment de mener l'affaire, comme

---

1.
JOURNAL DU PEUPLE.
Monsieur le directeur,   Paris, 3 janvier 1842.

M. Dubosc et moi, nous vous prions de vouloir bien vous entendre avec M. Avril, gérant du *Journal du Peuple*, et M. E. Piot, directeur du feuilleton de notre journal, pour ce qui concerne les entrées que l'usage nous accorde.

Nous désirons que vous veuillez bien adresser, soit à M. Dubosc, soit à moi, les communications et les envois que vous auriez à nous faire. De même, les demandes du journal vous seront adressées par un de nous deux.

Recevez, je vous prie, etc.
G. CAVAIGNAC.

George Sand à Eug. Piot (1842).

Pardon, Monsieur, si je vous écris deux mots en courant. J'ai des engagements qui ne me permettent pas de donner à *Consuelo* les honneurs de la reproduction dans le *Journal du Peuple.* Nous verrons bien à trouver quelque chose qui vous con-

présence et comme surveillance, ainsi que son bon sens et sa bonne volonté devraient le comprendre »; le jeune directeur n'en pouvait mais, il était d'une inexactitude et d'un laisser-aller désespérants. L'aventure fut lamentable : en quelques mois, les amendes avaient plu sur le journal, le cautionnement était dévoré, le rédacteur en chef Dupoty mis en prison, et Piot à moitié ruiné. Malgré des procès longs et coûteux, il ne recouvra jamais qu'une très faible partie de ses avances.

II

L'année 1842 marque une ère nouvelle pour la curiosité française. Pendant que les Dusommerard, les Sauvageot, les Carrand, les Debruge-Dumesnil mettent la dernière main à leurs collections, la poussée romantique a fait éclore une seconde floraison de chercheurs jeunes, ardents, convaincus. Les ventes publiques commencent à verser

---

vienne mieux que ce que je vous proposais. Soyez certain que je ne l'oublierai pas et que j'y mettrai le désir de vous satisfaire.

Agréez, etc.

GEORGE SAND.

M. X..., violoniste, à Eug. Piot (1842).

Mon cher Piot, je suis obligé de sortir. Je suis désolé de ne pas vous voir.

Faites faire l'article, je vous en supplie.

Dites l'ampleur et la hardiesse de mon archet, la plénitude, la passion, la tendresse, la force du son, mes arpèges en staccato, tirés et poussés sur les quatre cordes, les traits en staccato et en double corde, ce que vous n'avez entendu faire à aucun violon, traits qui ne se trouvent pas même dans les études de Paganini ; enfin, les difficultés les plus inouïes que je réussis toujours avec un bonheur impertinent. Faites aussi l'historique de mon concert ; l'impression profonde que cause ma manière de chanter ; que j'ai été rappelé ; les applaudissements et l'enthousiasme de toute la salle. Tout cela est la vérité. Vous pouvez donc le dire et en le disant vous me rendrez un immense service.

Travaillez donc sur ce thème.....

dans la circulation les trésors des galeries disparues : tableaux, estampes, émaux, livres, médailles, la grande et la petite curiosité arrivent en foule sur le marché parisien. Les belles batailles vont commencer.

Piot pensa que l'heure était bonne pour mettre au jour un projet qu'il caressait depuis longtemps : il fonda le *Cabinet de l'Amateur*.

A la génération nouvelle, prête à s'aventurer sur le terrain périlleux de la curiosité, il offrait un guide sûr, un *vade-mecum* sérieux et raisonné : « Réduire à l'état de science exacte ce qui n'est encore, pour beaucoup d'amateurs, qu'une occupation de penchant ou d'instinct; faire l'histoire, l'esthétique et la théorie de la curiosité », tel était le programme développé dans la préface. Pour le réaliser, notre amateur choisit autour de lui les plus habiles et les mieux qualifiés : d'abord les tirailleurs, ses amis, Gautier, Gérard de Nerval, Jules Janin, Arsène Houssaye, Thoré; puis les troupes de résistance, Charles Lenormant, de Laborde, Raoul-Rochette, Duchesne, Villot, de Saulcy, Mérimée, Albert Lenoir, Dumersan, Champollion-Figeac, G. Brunet, etc. Quant aux illustrations, Meissonier, Eugène Delacroix, Chassériau, Émile Wattier et Nanteuil en faisaient leur affaire.

Le *Cabinet de l'Amateur* est le prototype des Revues d'art documentaires et critiques. La première série va de 1842 à 1846; elle comprend quatre volumes. Sculptures du Parthénon, vases peints, inscriptions, intailles et monnaies antiques; architecture militaire, émaillerie et vitraux du Moyen-Age; céramique et verrerie de la Renaissance; la Flandre avec ses peintres, la Norwège avec ses monuments primitifs, la Chine avec ses ivoires; Albert Durer, Cellini, le Dante, Memling, Palissy, Rubens, Houdon, Jean Bologne, Prud'hon, Goya défilent tour à tour dans une série d'études excellentes, appuyées des signatures les plus autorisées. Piot se réserve l'orfèvrerie, l'art arabe, les estampes et les faïences; c'est lui qui publiera les anciens inventaires et les catalogues célèbres; lui qui suivra au jour le jour le mouvement des ventes en Europe. Il est l'âme de sa revue; toujours aux avant-postes, il va droit devant lui, ne ménage ni les prétendus connaisseurs, ni les experts qui ne savent pas leur métier, ni les faiseurs de catalogues hyperboliques. Pour les faussaires, il est impitoyable. A défaut d'études premières bien approfondies, il a l'esprit juste, une intuition singulièrement pénétrante des choses, une science déjà consommée des procédés. Qu'il s'agisse d'un texte latin ou d'une inscription grecque, on le verra tenir tête à Longpérier, à Letronne ou à Dubois[1], et s'affirmer si bien que, la même année, il a l'honneur d'être nommé membre de la Société royale des Antiquaires et, l'année suivante, membre de la Société de l'Histoire de France.

Mais le *Cabinet de l'Amateur* ne suffit pas à cet esprit aventureux qui rêve les grandes entreprises et les succès

---

[1].   Paris, le 26 février 1843.
  Monsieur,
Si vous voulez bien venir me voir demain matin lundi sur les dix heures, nous pourrons nous entretenir de l'affaire (Dubois) qui vous préoccupe à si juste titre. Je ne crois pas que vous ayez un tort réel à vous reprocher, et la violence de l'attaque personnelle dont vous êtes l'objet est votre meilleure justification. Ne vous troublez donc pas, ne vous pressez pas surtout, et voyez avec sang-froid ce que vous avez à faire. Mes conseils et ce que je peux avoir acquis d'expérience sont entièrement à votre disposition.
  Je suis, avec une vraie considération, votre tout dévoué serviteur.
                                        LENORMANT.

rapides; pourquoi ne se ferait-il pas éditeur? un beau livre sur le *Musée d'artillerie,* avec texte et soixante planches, aurait du succès; de Saulcy, conservateur du Musée, écrirait le texte et Meissonier dessinerait les illustrations. Son programme est adopté par le Ministre; il signe une convention avec le Président du comité d'artillerie, une autre avec Meissonier pour un premier à-compte de six armures et de deux casques[1]. Ce n'est pas tout : il traite avec Guichard pour une *Histoire de la Reliure;* avec Louis Marvy, pour la gravure de cinquante planches d'après *Rembrandt;* avec Théodore Chassériau, pour l'édition de son *Othello.*

Cependant les années s'écoulent, le *Cabinet de l'Amateur* finit son quatrième volume et l'abonné se fait déjà tirer l'oreille. Piot fut-il trop impatient? J'ai dit qu'il avait de l'ambition et voulait arriver vite. Sa campagne du *Cabinet de l'Amateur* n'était pas encourageante, elle absorbait ses dernières ressources; ses éditions traînaient en longueur. Il fallait songer à l'avenir, ne pas s'entêter et savoir s'arrêter à temps. Sans doute, son œuvre était

---

1. « Entre les soussignés, il a été convenu ce qui suit, savoir : M. Meissonier s'engage à dessiner les armes et armures ci-désignées et portant au catalogue du Musée d'artillerie les numéros suivants : n° 2, armure en pied, à braconnière; n° 6, armure ciselée et relevée en bosse, sans jambes; n° 27, armure aux lions; n° 47, demi-armure; n° 66, armure du règne de Louis XII; n° 52, armure en pied, aux bâtons croisés; n°ˢ 110 *bis* et 132, deux casques ciselés en relief et damasquinés en or. Ces dessins, destinés à la publication dite le *Musée d'artillerie*, seront faits au crayon ou à l'aquarelle, avec la précision nécessaire pour être gravés au burin. Ils seront tous signés par M. Meissonier, qui pourra se faire aider pour leur exécution.....

« Ainsi d'accord, fait double à Paris, le 2 novembre 1843.

« E. MEISSONIER.   EUG. PIOT. »

(Ces dessins, exécutés à l'encre de Chine et rehaussés de blanc, furent vendus avec la collection, en 1864.)

bonne, intelligente, utile, mais quoi! elle arrivait avant l'heure, le public ne l'avait pas comprise; plus tard on pourrait la reprendre.

Bref, un matin les souscripteurs furent avisés que la publication était suspendue; Piot réunit le peu d'argent qui lui restait et, laissant le *Cabinet de l'Amateur* avec les éditions en train, il partit pour l'Italie. Il emportait une lettre du Ministre, qui le recommandait à nos agents comme « chargé d'une mission ayant pour objet de recueillir des renseignements sur la fonte des bronzes, l'orfèvrerie et les applications de l'art à l'industrie du xve au xvie siècle ».

III

En 1846, la grande sculpture italienne du xve siècle n'avait pas encore fait parler d'elle. Quelques rares spécimens se rencontraient par hasard au Louvre ou ailleurs, mais sans ensemble, sans critique et sans histoire. Piot, lui-même, qui devait bientôt se faire le champion enthousiaste de ces inconnus de la veille, ne leur avait pas consacré une seule page de ses quatre volumes. Leur œuvre était restée tout entière en Italie; la meilleure part éparpillée çà et là, sans que le touriste eût même la chance de la rencontrer dans les galeries célèbres et obligatoires de son parcours; le reste traînant à l'aventure dans quelques cabinets d'antiquaires, chez le brocanteur ou l'entrepreneur de démolitions.

Tout d'abord, Piot ouvrit les yeux et fut captivé. Ces vierges exquises, souriantes et graves, ces enfants pleins de grâce dans leur gaucherie, ces médailles nerveuses et puissantes, ces bustes superbes d'une intimité profonde et d'une étonnante habileté, tous ces oubliés lui apparurent, dans leur ingénuité primitive, comme un monde nouveau qu'il découvrait le premier. Il était fait pour les comprendre; n'avait-il pas en lui je ne sais quelle parenté mystérieuse avec ces vieux maîtres, à la saveur saine, franche, un peu âpre, à l'âme délicate et farouche, qui passaient dans l'histoire solitaires et méconnus comme lui?

Sa récolte fut magnifique. Les plus nobles ouvrages de Donatello, du Verocchio, de Mino de Fiesole, gisaient à terre pêle-mêle avec les bustes de jardin, les fragments de marbre, et les empereurs décapités. Heureux temps où l'on n'avait qu'à se baisser pour ramasser des chefs-d'œuvre, où l'on trouvait, à la Fratta, le fameux bas-relief de Scipion pour quinze écus[1]!

Une première vente lui permit d'entreprendre coup sur coup deux voyages. A son retour, il en prépara une seconde, fit imprimer le catalogue et fixa la date au

---

1. « *Fratta, 4 settembre 1847. Si dichiara da me sottoscritto di aver venduto al Sig^r Eugenio Piot di Parigi, un semibusto in marmo a bassorilievo rappresentante un Scipione, di mia assoluta proprieta, per il prezzo di scudi quindici, e di esserne stato totalmente soddisfatto. En fede di che se ne rilascia il presente certificato.*

« Domenico Mavarelli. »

« Florence, 8 octobre 1846. Je soussigné ai reçu de Monsieur Eugène Piot la somme de deux cents francesconi pour prix d'une Vierge en marbre en bas-relief[1], d'une tête[2], d'un buste qui représente le sénateur Salviati[3] et d'un enfant tenant un écusson, tout cela en marbre et faisant partie de la collection des marbres du prince Borghèse; en outre, une tête de bronze[4], une sonnette et une grande médaille de bronze qui représente le pape Alexandre VII. En foi de quoi, etc.

« Pierre Rusca. »

1. De Rosellino.
2. Tête d'enfant de Donatello; collection Dreyfus.
3. Buste de Dietisalvi Neroni; même collection.
4. De Ghiberti.

24 février 1848; c'était jouer de malheur. La Révolution était venue et, du jour au lendemain, tout fut décommandé, commissaire-priseur, experts, affiches et catalogues. Il fallait bien, coûte que coûte, renoncer à l'Italie et aux belles conquêtes du xve siècle; l'esprit était ailleurs [1].

C'est alors que le général Cavaignac l'appela près de lui. Godefroy était mort et le Général n'avait oublié ni l'affection que Piot avait témoignée à son frère, ni les sacrifices qu'il avait faits pour le *Journal du Peuple*. Il lui offrit de l'attacher au secrétariat de la Présidence du Conseil. Piot entra en fonctions dès le mois de juin; sa nomination officielle est du 1er juillet 1848. Il resta à son poste jusqu'au 20 décembre [2].

---

1. Les membres soussignés proposent à l'Assemblée de déclarer l'association des artistes dissoute,

De nommer, séance tenante, un bureau nouveau et une commission de 12 membres pour présenter aux artistes réunis à huitaine un projet de constitution établi sur des bases démocratiques plus larges.

Paris, 8 juin 1848.

A. HOUSSAYE.　　　　　　　　　EUG. PIOT.
GEOFFROY DECHAUME.　　　　　DAMOUSSE.
PASCAL.
ENNEMOND COLLIGNON.

2.
RÉPUBLIQUE FRANÇAISE
POUVOIR EXÉCUTIF
　　　　　　　　　　　　　　　Paris, le 1er juillet 1848.
Citoyen,

Je vous préviens que le Général Cavaignac, président du Conseil du ministère chargé du pouvoir exécutif, vous a nommé employé dans les Bureaux de la présidence du Conseil du ministère aux appointements de deux cent cinquante francs par mois.

　　　　　　　　　Le secrétaire général
　　　　　de la présidence du Conseil du ministère,
　　　　　　　　　　　FOISSY.

POUVOIR EXÉCUTIF
　　　　　　　　　　　　　　　Paris, le 20 décembre 1848.
Monsieur,

Le président de la république sera nommé demain et nos fonctions au secrétariat cessent. Il est de mon devoir de vous donner l'assurance de la satisfaction du général

De son court passage auprès du Général, Piot laisse un souvenir émouvant : l'histoire des terribles journées de Juin racontée d'heure en heure, pour ainsi dire, par les documents mêmes qu'il avait sous la main. Voici les minutes autographes des proclamations de Cavaignac, des lettres, des notes, des ordres militaires pendant l'insurrection ; — un mot de Lamoricière, bref, nerveux, écrit sous le feu et sentant la poudre :

Nous tenons le haut, presque le bout de la rue du faub^g St Denis; rue du faub^g St Martin, id.; du Temple, id.; boulevard du Temple, même position. Le Gal Lebreton est repoussé avec 1,200 gardes nationaux et une pièce dans le f^g Poissonnière. Je n'ai rien pour le soutenir.

Autre billet au crayon, griffonné sur un chiffon de papier et encore tout froissé :

Toutes les barricades (37) ont été enlevées. Je suis à la barrière. Qu'on m'envoie de la Garde N^{le}. Le Gal Perrot.

Des lettres sur la mort du général Négrier; six lignes de Clément Thomas :

Nous sommes encombrés de prisonniers... Donnez des ordres immédiats pour les faire évacuer au fur et à mesure des interrogatoires. Dans l'intérêt de la patrie, ne vous exposez pas.

De Victor Considérant :

L'irritation est extrême dans les faubourgs, les bruits les plus épouvantables circulent sur le sort des prisonniers enfermés dans les caves de l'Hôtel de Ville, des Tuileries, etc.

Cavaignac pour le zèle et le dévouement que vous avez montrés dans l'exercice de vos fonctions. Je dois aussi vous remercier du bon concours que vous n'avez cessé de me donner depuis le mois de juin. Vous me trouverez prêt, partout et toujours, à vous en donner le témoignage.

Recevez, etc.

Le secrétaire général du pouvoir exécutif,
Signé : F0ISSY.

Et en post-scriptum :

<blockquote>Ma foi, j'ai lancé ta candidature à la Présidence immédiate de la République. C'est, je crois, le seul moyen de salut pour la République.</blockquote>

Puis les adresses de félicitations au Général expédiées de Paris, de la province, de l'étranger, en français, en italien, en arabe, en prose et en vers ; — des autographes de toute sorte et de toute provenance : le vicomte d'Arlincourt offre au Général sa main de vieux royaliste; Pierre-Napoléon Bonaparte et Anaïs Auber, de la Comédie-Française, demandent une audience ; Elwart fait hommage d'un hymne ; Bou-Maza se défend d'avoir quitté le fort de Ham dans un but hostile à la France.

Que sais-je encore? Un lot d'affiches du Gouvernement avec le bon à tirer signé *Eug. Piot;* des proclamations socialistes, des circulaires de candidats, des brochures, des extraits de journaux relatifs à l'insurrection[1].

Le dossier se termine d'une façon moins tragique. Piot et Théophile Gautier adressent chacun au ministre de la guerre une pétition pour lui demander « une concession de 99 hectares de terrain dans la vallée de Zer-Hamma, près de Philippeville, en Algérie, s'engageant à commencer, aussitôt la mise en possession, les travaux de défrichement, culture, bâtisse, que nécessite l'exploitation » ; et Piot ajoute en marge de sa main : « M. Th. Gautier, mon ami, est, je puis l'assurer, dans la ferme résolution de quitter le journalisme l'an prochain et d'aller se fixer en Algérie. »

---

[1]. Ces pièces ont fait partie de la vente des autographes de la collection Piot, qui a eu lieu le 20 juin 1890.

J'ignore si ce détail est connu, mais il a son prix et je ne devais pas le laisser perdre en chemin[1].

IV

Piot n'avait pas réussi. Sa vente ajournée, sa place perdue, les affaires générales paralysées, tous ces désastres survenant coup sur coup ne pouvaient que compliquer une situation depuis longtemps compromise. Déjà les créanciers montraient les dents; l'un d'eux fit même saisir et vendre son mobilier[2]. A bout de ressources, le malheureux amateur prit le parti de s'adresser au Louvre. Il écrivit au

---

1. La lettre suivante se rattache à une publication illustrée qui n'a jamais vu le jour, à ma connaissance.

MINISTÈRE DE L'INTÉRIEUR
DIRECTION DES BEAUX-ARTS

Paris, le 7 septembre 1848.

Citoyen, j'ai l'honneur de vous annoncer que, par décision de ce jour, le Ministre de l'intérieur vous a alloué à titre d'encouragement une somme de deux mille cinq cents francs pour vous aider à publier un recueil de dessins et lithographies destinés à perpétuer le souvenir de la *Fête de la Concorde*.

La somme de 2,500 fr. ci-dessus représente la valeur de cent exemplaires de votre recueil. Veuillez m'adresser votre engagement par écrit et sur papier timbré, de fournir ces cent exemplaires au Ministère de l'intérieur, et je prendrai immédiatement les mesures nécessaires pour que la comptabilité centrale vous délivre un mandat sur le trésor de la somme de 2,500 fr.

Salut et fraternité.

Le Directeur des Beaux-Arts,

CHARLES BLANC.

2. Mon cher Eugène, je n'ai aucune espèce de moyen d'empêcher la saisie de Gillet. Je suis déjà saisi pour le compte de mon propriétaire, avec qui je suis en retard. Si tu sais quelque moyen dilatoire, employons-le de concert; les temps ne seront pas toujours aussi malheureux. Je possède en numéraire trente francs environ, ce n'est pas suffisant. Je travaille le plus que je peux, mais les billets vont plus vite que les feuilletons, et ces deux mois de suspension m'ont achevé. Si tu veux être au divan à huit heures, j'y passerai. Nous causerons de cette triste affaire.

Tout à toi.

THÉOPHILE GAUTIER.

Directeur Général des Musées que « vivement pénétré de l'importance des œuvres de la sculpture florentine des xve et xvie siècles, il s'était efforcé, dans trois voyages successifs en Italie, de réunir quelques productions de cette époque dignes de figurer au Musée du Louvre. » En conséquence, il proposait le *Scipion* qui figure aujourd'hui dans la collection Rattier, le buste de *Dietisalvi Neroni* de la collection Dreyfus, une tête en marbre semi-colossale de *Giuliano de Médicis* par Baccio Bandinelli, et la *Vierge* en pied, haut-relief d'Antonio Rosellini. Il offrait le *Scipion* pour 3,500 francs, les trois autres pour 1,500 francs chaque, prix dérisoires, si on les compare à la valeur actuelle de pareils chefs-d'œuvre; mais, il y a quarante ans, le Louvre n'avait pas encore ces accès de bravoure que nous lui avons connus plus récemment; les nouveautés l'effarouchaient un peu. Le directeur n'osait pas se risquer seul, il demandait conseil : « en présence d'objets de cette nature et de ce prix, il y a trop à craindre de l'hésitation ou de la témérité d'une seule compétence »; on ne pouvait mieux dire. Par malheur, une commission fut nommée; on sait où cela mène : la proposition fut enterrée[1].

Décidément, les mauvais jours étaient venus. La lutte pour la vie commençait, lutte acharnée qui devait durer près de dix ans, et pendant laquelle l'infatigable amateur allait déployer une énergie, une ténacité, une souplesse de ressources véritablement extraordinaires.

Au mois de juillet, il se met en route avec une nouvelle mission du Ministre. A partir de ce jour, les voyages suc-

---

[1]. Voir à l'Appendice une nouvelle lettre adressée au Louvre par Eugène Piot en 1879.

céderont aux voyages. Chaque année on le rencontre en Italie ou en Allemagne, en Sicile ou en Angleterre, en Grèce ou dans le midi de la France. Mais l'Italie est sa terre de prédilection; c'est là qu'il organise un service de recherches; ses *détectives* seront les employés des postes, les orfèvres, les prêtres, les libraires, les *contadini* de la campagne romaine, sans compter les *sensali*, courtiers, brocanteurs et antiquaires. Partout il fouille, flaire, étudie, compare, prend des notes, achète et photographie. Car c'est à lui, — nos contemporains l'ont bien oublié, — c'est à lui que nous devons les premières publications photographiques des monuments de l'antiquité. *Les Temples de la Sicile, l'Italie monumentale, l'Acropole d'Athènes* et les *Monuments du Midi de la France* lui valurent la médaille de première classe à l'Exposition universelle de 1855[1]. « Ces vues, disait le rapporteur, M. Benjamin Delessert, sont prises avec le goût et le discernement d'un artiste, et une connaissance approfondie des monuments, ce qui ajoute un grand prix au mérite photographique de ces ouvrages... On ne peut assez louer des voyages entrepris dans un but aussi élevé. »

Après le photographe, voici l'ingénieur. En 1856, Piot adresse une lettre au comte Correr, podestat de Venise, pour « proposer à la Municipalité l'établissement sous le Grand Canal, de *quatre ponts tubulaires sous-marins* construits d'après un système nouveau *dont il est l'inventeur.* » La Municipalité se réunit, on charge l'ingénieur en chef

---

[1]. « Une souscription de 20,000 fr. avait été faite par le Ministre de l'intérieur à ces publications photographiques. Je n'ai jamais pu en toucher le montant à la présentation des livraisons et elles ont été abandonnées. » (Note d'Eug. Piot.)

Bianco d'étudier l'affaire : Piot raisonne avec lui l'économie de son projet, les détails de la construction, la fabrication, l'emplacement et l'immersion des tubes. Les journaux s'en mêlent, discutent le pour et le contre. Finalement la Municipalité effrayée, je pense, de la hardiesse du projet, se décide pour un ajournement [1].

[1].   Venise, le 13 décembre 1856.
A Son Excellence Monsieur le comte Correr, Podestat de Venise.

Monsieur le comte,

Le soussigné a l'honneur de proposer à la Municipalité de la ville de Venise l'établissement sur le Grand Canal de *Quatre Ponts tubulaires* sous-marins construits d'après un système nouveau dont il est l'inventeur.

Multiplier entre les deux rives du Grand Canal des communications permanentes, rapides et économiques, c'est, vous le savez, Monsieur le Podestat, accroître les revenus de la ville, la valeur d'un très grand nombre de propriétés particulières, et améliorer le bien-être des citoyens sous le triple rapport des logements, des relations et des affaires.

Jusqu'à présent, une seule considération, celle de ne pas altérer l'aspect monumental de cette voie grandiose, a pu opposer un obstacle à la satisfaction d'intérêts et de besoins si généralement reconnus et qu'augmentent chaque jour les développements nouveaux de la cité.

Le nouveau système des Ponts tubulaires sous-marins résout ce problème de la façon la plus complète. Il conserve au Grand Canal sa beauté, n'apporte aucune entrave à la navigation et relie entre elles les deux parties de la ville d'une manière intime et permanente, sur des points aussi multipliés que les besoins de la population pourront l'exiger. Leur construction même n'arrête pas un seul instant la circulation sur le canal.

L'établissement des Ponts tubulaires sous-marins, dont le soussigné propose l'exécution, ne coûte à la ville qu'une simple concession...

Les points où ils doivent être construits, indiqués d'avance par les besoins de la circulation, seraient fixés d'un commun accord avec elle, ainsi que le tarif du péage.

Le soussigné qui se tient à votre disposition, Monsieur le Podestat, pour tous les éclaircissements qui pourraient être demandés sur un projet aussi nouveau et dont le développement dépasse les bornes d'une lettre, ose espérer que vous voudrez bien soumettre sans retard sa proposition à la Congrégation Municipale de Venise. Il a l'honneur d'être, etc.
                                                            Eug. Piot.

(Suit une lettre à M. Bianco, ingénieur en chef municipal, indiquant la section du tube, les sondages effectués, la place des culées, le péage, la durée de la concession, et accompagnée d'un plan.)

Réponse du Cte Correr.
                                            Venezia, 29 aprile 1857.
Al signor Eugenio Piot.

Il progetto da Lei prodotto ver la costruzione di quattro ponti tubulari sotto

Cependant l'intelligent chercheur n'oublie pas ses belles trouvailles et, de ce côté du moins, il a la main heureuse. A Venise, il découvre la collection des médailles de la Renaissance du comte Valmarana, et 58 portraits, études, esquisses et miniatures, conservés dans l'ancien atelier de la Rosalba. Il enlève au prix de 1,200 francs, — ce qui était alors un prix d'importance, — le magnifique *tondo* de terre cuite, œuvre capitale de Donatello qui va prendre une place d'honneur au Louvre avec le lit sculpté et doré du xvie siècle venant de Padoue, et la tête de Michel-Ange, ce chef-d'œuvre, probablement de la main même du maître, trouvé à Bologne[1].

La sainte Élisabeth de Raphael, léguée au Louvre, vient des environs de Pérouse. Son histoire est singulière et je la transcris telle qu'il me l'a contée lui-même, avec sa pointe d'ironie habituelle[2], peu de temps avant sa mort :

marini lungo il Canal grande, manca di opportuni dettagli e delle condizioni alle quali vincolare la esecuzione per cui venne in massima rejetto dal Consiglio Comunale e dalla B^a Autorita Superiore, e cio tanto piu che torna di troppo interessante ai riguardi idraulici ed alla conservazione nelle attuali sue forme il Gran Canale perche non sia ammessa qualsiasi opera che ne modifiasse la sua sezione con prejudizio della massa d'acqua che serve ai rivi interni.

Cio notificandole in esito a Delegatizia Ordinanza 7087 = 666 la si avverte que solamente in caso che venisse comprovata la pubblica utilita senza alcun nocumento alle condizioni del Gran Canale, ed onere al Comune potrebbe aver luogo ulteriore pertrattazione.

Il Podestà
CORRER.

1. *Bologna, il di 17 Dicembre 1858. Dal Sig^r Eugenio Piot dichiaro io sottoscritto d' avere ricevuto la somma di Franchi mille e cinquecento in acconto di Franchi 2,500, prezzo convenuto di una testa in bronzo di grandezza al naturale d' antico autore, rappresentante Michelangelo Buonarotti, di mia proprieta....* Signé *Francesco Bianchetti.*

2. « Ne me ménagez pas, je vous en prie, mon cher ami. Je suis enchanté de travailler pour vous. En vous écrivant, il me semble être dans votre appartement, entouré de toutes ces belles choses et vous écoutant parler avec cette pointe d'ironie fine que j'aime tant et qu'on vous reproche bien à tort à Paris. » (Lettre du Mis d'Adda.)

« J'ai trouvé, en 1857, le portrait de sainte Élisabeth dans un grenier, près de Pérouse. Il était piqué sur une des poutres, avec plusieurs autres peintures. J'ai acheté le portrait et un lot d'armes de sauvages pour 50 francs. A mon arrivée à Paris, M. Benjamin Delessert est venu chez moi et m'en a offert 5,000 francs. Puis Nieuwerkerque est arrivé, il voulait l'avoir et l'a fait examiner par son conseil. J'avais dit que je le laisserais au Louvre pour 40,000 francs. Par malheur, Chenavard fut appelé ; c'était mon ami, il s'opposa à l'acquisition tout en se disant en lui-même : « C'est égal, la tête appartient à Piot et « peut-être a-t-il bien besoin de son argent. » En désespoir de cause, Nieuwerkerque fit porter la tête aux Tuileries pour la montrer à l'Empereur. « Sire, dit-il, quand « l'empereur vint à passer, voici un Raphael que je recom- « mande à Votre Majesté. » L'Empereur regarda et dit : « J'aime mieux un Wouwermans. » Le Ministre, qui était là, s'inclina et dit : « Moi aussi » ; et l'Empereur continua sa promenade. »

La célèbre jambe de bronze, qui appartient aujourd'hui au *British Museum,* a passé par d'autres aventures. Elle fut trouvée par des paysans, dans les environs d'Anzi, près de Potenza. Un cordonnier de la ville, qui l'avait vue chez ces bonnes gens, l'indiqua à un chaudronnier qui courait le pays, cherchant des vieux cuivres pour les fondre. Celui-ci la vendit au poids, — 10 francs le *rotolo,* — à Barone de Naples qui la revendit à Piot, pour 1,700 francs, dans un lot d'objets divers[1]. Elle a été acquise par l'An-

---

1. *M. Eugenio Piot. Scarabei, gamba di bronzo con frammenti, uno bronzo, bicchiere terracotta, anello, e montatura di un vaso bronzo, per franchi millesette-*

gleterre pour la somme de 70,500 francs. Nous connaissons de jeunes Français qui, visitant naguère le *British Museum,* ont tiré leur chapeau devant ce débris d'un chef-d'œuvre incomparable, honorant ainsi l'artiste qui l'a fait, l'amateur qui l'a découvert et le Musée qui l'a royalement acheté.

V

Après dix ans d'efforts, Piot avait conquis son indépendance ; sa fortune était refaite ou à peu près. Il pouvait enfin mettre en œuvre la masse considérable de documents qu'il emmagasinait depuis tant d'années. Le moment était bon. Pendant que le voyageur courait le monde, la curiosité française avait aussi fait du chemin. La donation Sauvageot, les premières Expositions Rétrospectives avaient ouvert les yeux ; l'éducation du public était en bonne voie. Piot résolut de reprendre le *Cabinet de l'Amateur,* mais, cette fois, sans collaborateur ; il se connaissait, il avait depuis longtemps mesuré ses épaules et se sentait de taille à mener seul la besogne jusqu'au bout.

La nouvelle série va de 1861 à 1863 ; elle comprend deux parties : un article de fonds et une chronique. L'auteur passe en revue la céramique ancienne et moderne, la verrerie de Venise, l'émaillerie limousine, la gravure en relief et la typographie, les ivoires du Moyen-Age, les armuriers de Tolède et les artistes milanais, les grands musées et les grandes collections de France et d'Angle-

cento, ricevuto per detta somma un biglietto a ordine, con il duplicata, pagabile a Parigi alla fine Dicembre corrente anno 1859. Signé Raffaello Barone.

terre, les ventes publiques d'autrefois. Il publie des recherches nouvelles sur Michel-Ange, Léonard de Vinci, Quentin de Latour, Pierre Woeriot, Oudry, Nanteuil, Gravelot, etc.

A lire ces études qui touchent à tant d'objets variés, on sent l'aisance et l'autorité du maître. Le savant, le penseur et l'écrivain sont arrivés à maturité. Nourri parmi les morts, de la moelle des maîtres, Piot a la vue large et supérieure ; il aime les grands horizons de l'histoire et relève les moindres détails par l'ampleur et l'originalité des aperçus [1].

S'agit-il des humbles *Chercheurs d'or de Sainte-Marie de Capoue*, « on imaginerait volontiers, dit-il, que l'antiquité, comme un semeur infatigable, a répandu à pleines mains, dans ces champs aujourd'hui déserts, tout ce qui pouvait servir de supplément à ses annales écrites, pour reconstituer dans l'avenir la physionomie de la société antique, l'histoire de ses usages, de son culte, de ses arts et de son industrie. C'est qu'il y eut, en effet, un terrible semeur qui a couvert pendant des siècles la terre classique de monuments précieux ; un semeur qui s'appelait la

---

[1]. Monsieur, je vous remercie d'avoir bien voulu m'envoyer le *Cabinet de l'Amateur*, où vous vous montrez si favorable à notre cause et à la cause de l'art élevé. Il y a du courage, Monsieur, dans ce moment surtout, à vous unir aux défenseurs de la tradition et de la liberté contre les partisans de l'anarchie et de la dictature. Car on le reconnaîtra bientôt, aux suites de cette triste aventure, les artistes seront livrés sans patronage et sans garantie aux caprices d'un surintendant et à l'inexorable incapacité des bureaux. Vous avez raison de dire que la république des arts était quelque chose de respectable ; mais que respecte-t-on aujourd'hui ?

Je dois aussi vous remercier personnellement, Monsieur, de la façon dont vous parlez de mes publications. Leur seul titre, c'est d'être dictées par la conviction la plus désintéressée et par l'amour du bien public. Mais la majorité de la presse nous est hostile, et ce ne sont pas ceux qui ont raison que le public écoute, ce sont ceux qui crient le plus fort. Nous n'en lutterons pas moins jusqu'au bout.

Croyez, Monsieur, etc.
BEULÉ.

guerre, l'invasion, la conquête, la revanche de la barbarie sur la civilisation ; répandant à profusion dans des contrées dépeuplées, sur des champs de bataille sans fin, sous les ruines fumantes des villes saccagées, des trésors qu'il dédaignait même de piller, et que nous recueillons aujourd'hui au fur et à mesure que la civilisation moderne regagne ce terrain perdu. »

Ailleurs, à propos des *Livres illustrés :* « Qu'est-ce qu'un livre, dit-il encore, sinon le flacon où se conserve l'esprit, la coupe qui contient le vin généreux ? Quelques-uns la veulent rare, précieuse, artistement ornée, cette coupe ; qui pourrait les en blâmer ? Tous ne sauraient la vider ; mais pourquoi se refuseraient-ils à la courtoisie d'y tremper les lèvres ? On n'a pas toujours des livres rares pour les lire ; on les aime comme on aime une épée, par exemple, que l'on caresse et que l'on manie sans penser à s'en servir. Le charme mystérieux qui nous séduit et nous attire vers ces deux grandes armes, le livre et l'épée, est au nombre de ceux qui se sentent bien mieux qu'ils ne s'expriment. »

Les *Chroniques* au jour le jour ne sont pas moins personnelles. Mais autant le savant est calme et reposé, autant le polémiste est ardent, batailleur, impitoyable. Experts qui font trop de catalogues et conservateurs qui n'en font pas assez, spéculateurs sans vergogne et marchands de Raphaels de contrebande, collectionneurs de Delft, de Moustiers, de Rouen au perroquet, de livres du Pont-Neuf, de chinoiseries et de japonaiseries, tout ce qui lui tombe sous la dent passe un mauvais quart d'heure. On comprend ce que le malheureux a dû se faire d'ennemis !

Le *Cabinet de l'Amateur* avait réussi ; le second volume était même commencé. Quel nouveau coup de tête détermina l'auteur à suspendre brusquement une publication qui s'annonçait brillamment ? Piot était souffrant; sa santé troublée commençait à lui donner des inquiétudes. On lui conseillait de quitter Paris. Au fond, la vie sédentaire lui était antipathique ; solitaire et mystérieux, avec une pointe de misanthropie, il n'aimait que les voyages, le grand air et l'indépendance. Il se laissa facilement persuader.

Mais avant de partir pour une campagne qui, dans sa pensée, devait durer peut-être plusieurs années, il voulut réaliser toutes ses ressources et prit le parti de livrer sa collection aux enchères.

La vente eut lieu en avril 1864 ; elle comprenait des bronzes, des marbres, des terres cuites, des faïences, des peintures, des antiquités et des médailles. L'*Harpocrate* de la collection Fould, la *Sainte Élisabeth* de Raphael, la *Tête de Michel-Ange,* le *Tondo* de Donatello et la *Coupe de bronze* des Contarini figuraient à la vente et furent rachetés par le vendeur : l'*Harpocrate,* 3,220 fr.; la *Sainte Élisabeth,* 20,000 fr.; le *Michel-Ange,* 10,000 fr.; le *Donatello,* 2,500 fr., et la *Coupe,* 3,050 fr.

Le sacrifice était fait; libre désormais, l'amateur pouvait se lancer encore sur les grands chemins.

VI

De 1864 à 1868, Piot va en Italie. En décembre 1868, il part pour l'Orient, visite Corfou, Athènes, Smyrne,

Chypre, Beyrouth, Damas, Constantinople, et revient par Athènes et Naples. A la fin de 1869, il retourne en Italie par l'Allemagne. En 1870-1871, il est en Italie et en Sicile; en 1871, en Suède et en Danemark; en 1872, en Grèce et en Orient. En 1873, il se rend à Madrid et à Lisbonne; en 1873-1874, à Stockholm, Berlin, Vienne, Constantinople et Athènes. De 1875 à 1876, il est en Italie; de 1877 à 1878, en Orient; 1879, 1880 et 1881 se passent en Italie; 1881, en Égypte; 1883, en Italie; 1885, en Belgique et en Hollande; 1886, 1887, en Angleterre; 1887 et 1888, en Italie.

Piot est le *Peregrinus* de la *Physiologie du Curieux* : « Vous cherchez Peregrinus? Il est partout. On l'a vu le même jour à Palerme, à Damas, à Augsbourg et à Londres; le voici devant vous, il arrive de Florence. Il connaît les quatre coins et recoins de l'Europe; il a parcouru les Abruzzes, traversé les gorges du Tyrol, monté les pics les plus inaccessibles, bravé les bandits de la Sicile, les fièvres des marais Pontins, la cuisine espagnole et les moustiques du Nil. Il a interrogé tous les moines de la Syrie, tous les juifs du Ghetto, tous les âniers du Caire, tous les *scavatori* de Rome. Il protège le libraire qui se fournit chez le pharmacien qui doit épouser la veuve qui se confesse au chanoine qui possède les dessins originaux du Polyphile italien. Il est homme à découvrir l'armure d'Annibal, un dessin d'Apelles et l'Homère de Cicéron avec son *ex-libris*. »

En effet, ses découvertes sont merveilleuses et la liste en serait longue. Je me borne à citer, un peu au hasard : des figures tanagréennes acquises à Athènes au moment de la trouvaille, d'une fraîcheur et d'une conservation sans pareilles[1]; — la précieuse collection chypriote du général de Cesnola[2]; — une cuirasse grecque venant de Naples; — un admirable enfant de bronze, trouvé à Foggia; — la belle série des antiques de M. Peretié; — les trois panneaux de marqueterie légués au Louvre, et le *missorium* d'argent payé 10,000 francs à Baslini; — des bustes de la Renaissance, entre autres celui d'Octave Farnèse; — l'esquisse du plafond du Palais-Royal de Madrid, par Tiepolo; — les douze Sibylles; — le livre des dessins sur vélin, attribué à Orcagna; les deux anges de bronze de la

1.   9 mars 1872.

Monsieur, j'accepte volontiers l'offre obligeante que vous avez bien voulu me faire de diriger, pendant votre séjour à Athènes, l'exécution d'un moulage en plâtre du torse colossal de Faune que vous avez découvert dans les ruines du théâtre de Bacchus.

L'administration des Beaux-Arts acquittera, en recevant le plâtre, les frais d'emballage et de transport. Quant aux dépenses du moulage, vous voudrez bien m'en adresser la facture, dès que vous le pourrez, et je m'empresserai, suivant vos instructions, soit de vous faire ordonnancer un mandat payable à Paris, soit de vous en faire parvenir le montant à Athènes, si votre séjour dans cette ville se doit prolonger.

Agréez, Monsieur, avec mes sincères remerciments, etc...

Le Directeur des Beaux-Arts, membre de l'Institut,
Ch. Blanc.

2.   Paris, 2 avril 1870.

Cher Monsieur, immédiatement après avoir reçu vos curieuses photographies des antiquités cypriotes et le petit mémoire qui les accompagne, je me suis fait inscrire pour en donner communication à l'Académie. J'aurais bien pu demander la parole pour les montrer et en dire quelques mots, mais je tenais à faire la communication et à lire votre note. Ce n'est que vendredi prochain que la chose pourra avoir lieu. Seulement hier j'ai été vexé que M. Lenormant vînt faire de votre part une autre communication, très courte il est vrai, mais j'avais l'air à vos yeux d'avoir négligé votre affaire.

Voici ce dont je suis convenu, avec votre approbation toutefois. On gravera deux ou trois de vos planches et on imprimera votre note dans la *Revue archéologique*, note à laquelle je me suis permis de faire quelques modifications.....

Tout à vous,
E. Miller.

Vous savez que j'ai fait imprimer une note dans nos Comptes-rendus sur vos atlantes.

collection Signol ; — une série d'estampes peintes, de Fra Filippo Lippi ; — une tête d'homme et une charmante tête de jeune fille, le plus ancien spécimen connu de la gravure sur cuivre ; — des livres incomparables, sortis des presses italiennes et françaises, des verres antiques, des faïences et des médailles de la Renaissance, exemplaires d'une qualité exceptionnelle, choisis un à un par le savoir le plus clairvoyant, le goût le plus sûr et le plus délicat.

Découvrir de pareils trésors est « tout un art »; c'est Piot lui-même qui le dit et il s'y connaissait. « Ces recherches demandent une énorme dépense d'activité... Il faut s'armer de beaucoup de patience, posséder une connaissance approfondie de la topographie artistique des lieux que l'on visite; savoir fouiller à propos les sacristies des monastères et les mansardes d'un palais, où brillait il y a deux cents ans un tableau précieux, que la mode du siècle dernier a fait reléguer dans un réduit obscur où il gît encore, couvert de poussière, inconnu au propriétaire lui-même qui demain vous en demandera un monceau d'or. Et, le tableau trouvé par un calcul assez semblable à celui d'un astronome qui mesure l'éclipse d'une comète disparue de l'horizon depuis des siècles, et prédit son retour à époque fixe, combien ne faut-il pas de finesse pour en faire l'acquisition et de diplomatie pour lui faire franchir la frontière! Souvent on est obligé de laisser derrière soi l'œuvre que l'on désire et que l'on ne pourra avoir que l'an prochain, si toutefois on doit la retrouver à la même place. Il est d'autres forteresses moins cachées, mais dont il faut faire le siège en règle, et où l'homme du monde seul peut entrer, en passant sous le feu d'un troupeau de *ministri* et de serviteurs intéressés qui *veulent manger,* comme on dit en Italie. Le plus souvent c'est un *sensale* ignorant qui fait briller à vos yeux un chef-d'œuvre inconnu, perdu dans les montagnes où il faut le suivre même sans espoir. Vingt fois vos recherches ont été vaines, et votre homme s'est trompé; mais qui sait si la vingt-et-unième fois vous ne serez pas récompensé de vos peines? Cela s'est vu. On attribue la découverte au hasard, c'est à la volonté qu'il faut la donner [1]. »

Pour compléter la physionomie si curieuse et si peu connue du savant voyageur, il faudrait encore relire sa correspondance active avec le marquis d'Adda, Otto Mündler, Laborde, de Witte, Miller, Valentin Carderera, Fortnum, Schliemann, Lenormant et Milanesi, Maspero et Gayangos. Il faudrait dépouiller les volumes de notes qu'il a recueillies en chemin; le montrer au Parthénon, mesurant chaque pierre de ces ruines superbes, « le cœur serré comme sur un champ de bataille le lendemain du combat; mais quels soldats sont les mutilés et les perdus! » — à Stockholm, étudiant les éditions de Marco Polo; — à Madrid, les épées légendaires; — à Venise, la Rosalba et les typographes; — à Milan, le Caradosso et ses contemporains; — en Danemark, la porcelaine de Copenhague; — aux musées de Brunswick, de Cassel, de Berlin, de Nuremberg, relevant une foule d'indications précieuses sur les peintres et les graveurs. De Syrie, il rapporte des carnets remplis de détails sur l'art et les monuments arabes, sur les ruines de Balbeck, les faïences de Damas, le travail des métaux, la reliure et la calligraphie.

1. *Cabinet de l'Amateur,* nouvelle série, la *Galerie nationale de Londres.*

D'Alexandrie, il adresse à l'Académie des Inscriptions une lettre ingénieuse et neuve sur Thèbes et la vallée des Tombeaux. Partout, il fouille les bibliothèques, les musées; explore les archives, déchiffre les manuscrits et ne laisse rien passer sans l'inscrire sur son carnet de voyage.

Ce monceau de notes, de fragments, d'études ébauchées, de travaux commencés, repris et inachevés, forme un ensemble considérable de matériaux; mais seul il en savait la place dans l'édifice qu'il avait conçu, qu'il voulait toujours bâtir, et dont il n'a posé que les jalons. « Je suis, dit-il quelque part, un rêveur remettant tout au lendemain; et cette torpeur d'esprit, qui a fait le malheur de ma vie, va chaque jour en augmentant. » Il était paresseux à écrire, ou plutôt à rédiger, et sa paresse devenait maladive. Depuis la seconde série du *Cabinet de l'Amateur,* il n'a presque rien publié. La *Gazette des Beaux-Arts* a donné de lui un excellent compte rendu de la sculpture à l'Exposition de 1878. Quatre ans plus tard, il écrit à l'Académie la lettre dont il est question plus haut[1]. La notice sur le

---

[1]. 27 mai 1882.

Mon cher ami, votre lettre a fort intéressé l'Académie et y a été très bien accueillie. Les observations de Perrot ont porté sur ceci, que d'autres avaient déjà dit avant vous, que les variations de niveau dans les tombes de Biban-el-Molouk tenaient à ce qu'on avait voulu suivre le banc de calcaire apte à les creuser. Mais il a rendu pleine justice à la nouveauté et à la justesse de votre idée sur la manière d'entreprendre à nouveau les fouilles, et dit qu'il y avait lieu d'appeler sur elle l'attention de la direction des antiquités d'Égypte.

Nous causerons à fond de vos projets l'hiver prochain. Vous savez que je suis toujours tout à votre disposition. Je serai heureux de m'associer dans la mesure de ce que je pourrai à vos généreux projets. Quant à ma discrétion, vous pouvez y compter absolument.

Quand allez-vous à Royat? Si c'est à la fin de juin ou de juillet, j'irai vous y faire une petite visite en allant moi-même au Mont-Dore.

Pour mon voyage d'Italie, vous m'ouvrez une bien agréable perspective. Rien ne pourrait me faire plus de plaisir que de vous avoir pour compagnon. Tâchez donc de vous arranger pour cela. A moins d'accidents imprévus, je compte y consacrer la

Missorium, parue dans la *Gazette archéologique* de 1886, est son dernier ouvrage.

Depuis 1865, Piot était associé correspondant de l'Institut archéologique de Rome, sur la proposition de Lepsius et de Witte; en 1873, pendant son séjour à Madrid, l'Académie de Saint-Ferdinand le nomma membre correspondant. En 1885, mal conseillé, il se laissa présenter à l'Institut, en concurrence avec MM. Heuzey, le baron Alphonse de Rothschild, George Duplessis et Marcille; il devait échouer.

VII

Piot m'a fait le grand honneur de me léguer ses papiers. J'ai lu sa vie, si mystérieuse et si cachée; j'ai tenu son histoire dans mes mains, non pas une histoire apprêtée, en cravate blanche, mais l'histoire déshabillée, vivante et prise sur le fait dans ses notes et ses lettres les plus intimes, dans ses aveux mêmes et ses épanchements. Car, dès que sa passion est en jeu, qu'il soit blessé au cœur ou à l'esprit, dans ses affections ou dans ses croyances, son âme déborde et ce silencieux prend la plume pour confier au papier le secret de ses amertumes.

fin de septembre et octobre. Mon itinéraire sera : Foggia, Troja, Melfi, Venosa, Acerenza, Potenza, Métaponte, Tarente, Rossano, Catanzaro, Santa Eufemia, Pizzo, Mileto, Palmi, Scilla, Reggio, Gerace, Cosenza, Lairo, Sapri, Policastro, les ruines de Velia, Pæstum.

Nous recauserons, du reste, à fond de tout cela à Royat, si vous y êtes, quand j'irai en Auvergne dans cinq ou six semaines.

A vous bien cordialement,

F. LENORMANT.

Piot n'a pas eu la souplesse nécessaire pour manœuvrer sa vie. Son âme droite et hautaine dédaignait les compromis du monde et ses accommodements. Il le savait et n'était pas d'humeur à s'en cacher; Charles Yriarte, dans la notice si vive et si pittoresque qu'il lui a consacrée[1], rappelle ce passage d'une de ses lettres : « J'admire profondément le tact et la condescendance pour les opinions des autres, sans pouvoir m'y rallier. On sait, et je sais moi-même si je suis insociable; je ne serai jamais, ni par lettre, ni autrement, d'un commerce agréable; mais je puis me flatter qu'il est sûr. »

L'homme est là tout entier.

Ni l'âme, ni la collection, ni l'œuvre n'avaient rien de vulgaire. Sous l'écorce un peu rude et résistante, les amis trouvaient toujours un cœur loyal; les laborieux, une science ouverte et hospitalière. « Je reçus de lui l'accueil le plus large et le plus libéral, disait naguère[2] M. Georges Perrot avec une éloquence émue. J'ai passé bien des heures heureuses à mettre la main dans ses vitrines et dans ses tiroirs, à l'interroger sur les provenances, à écouter ses observations sur des questions de style et de technique; j'ai pu faire photographier ou dessiner tous les objets dont il m'a convenu de donner l'image; et ce sera pour moi un grand chagrin et une perte réelle de ne pouvoir profiter encore de ses conseils. »

On lui a reproché ses ventes. Mais ce sont elles qui lui ont permis de résister aux sollicitations étrangères, et de conserver les admirables chefs-d'œuvre qu'il lègue à

---

1. *Figaro* du 9 février 1890.
2. Discours prononcé sur la tombe d'Eugène Piot; voir à l'Appendice.

son pays. Est-ce bien aux héritiers de critiquer les moyens légitimes qu'il a pris pour sauvegarder leur héritage? S'il n'avait pas vendu, aurait-il la belle collection qu'il a laissée? L'Institut et l'Académie des Beaux-Arts pourraient-ils fonder les prix, organiser les missions, dont cette collection fera les frais?

D'ailleurs, il fallait bien vendre pour vivre, dans les jours difficiles, quand le malheureux avouait au général Cavaignac que « sa situation financière ne suffisait pas même à ses plus stricts besoins ».

Et plus tard, lorsqu'il eut gagné, non pas la richesse, mais l'indépendance, l'*auream mediocritatem* chère au poète, il fallait vendre encore pour se remettre en route, entreprendre des voyages coûteux, apprendre et se perfectionner. Il fallait vendre pour émonder, épurer, raffiner sans cesse, remplacer le moins bon par le meilleur. L'amateur passionné ne s'arrête jamais en chemin; il cherche toujours la fleur, l'essence même du beau. Pour lui la curiosité n'est ni stationnaire, ni paralytique, mais remuante, agissante et progressive. Au besoin, il fera les plus douloureux sacrifices, car il ambitionne les belles conquêtes et sait ce qu'elles coûtent.

VIII

Depuis longtemps, la santé de Piot était gravement ébranlée; les derniers voyages ne lui avaient apporté qu'un peu de relâche. Il souffrait à la fois de son mal, de son humeur et de sa solitude; comme son ami le marquis d'Adda, il pouvait dire : « la tristesse me gagne, c'est elle qui me tue, *væ soli!* » Encore s'il avait pu travailler! mais il a « le dégoût d'écrire : années douloureuses, années d'épreuves, qui ont profondément faussé mon caractère, m'ont coûté la santé, et pendant lesquelles j'ai vu crouler autour de moi tous les projets de travaux qui m'étaient chers. »

Le 14 novembre, il se sentit frappé à la tête et au cœur. Il m'envoya chercher : « Je suis perdu, tout me manque dans mon abandon, venez à mon secours ». Il était seul, entre une domestique à son service depuis un mois et un médecin du voisinage qu'on avait appelé à la hâte et qui ne savait même pas son nom. La chambre jonchée de papiers, qu'il arrachait un à un de ses tiroirs, jetait à terre, remettait en place et rejetait encore : il cherchait son testament. Il me prit le bras, me conduisit lentement, avec effort, devant sa vitrine antique : « Écoutez-moi bien; qui sait si vous m'entendrez demain ? » et il essayait de m'expliquer le secret de certaines fabrications : « Ce que je vous dis là, on ne le sait pas, je suis seul à le connaître ». Il parlait bas, en cherchant les mots, et répétait sans cesse : « Écoutez bien; peut-être vous ne m'entendrez plus. » Il soupira : « Vous savez combien j'ai aimé toutes ces belles choses », et la voix sourde, étranglée, s'évapora en un sourire douloureux. Il était debout, une main déjà paralysée, la chemise entr'ouverte, les vêtements mal attachés, les pantoufles traînant sur le sol. Je me rappelai le récit de Brienne, et la vision de Mazarin mourant me passa devant les yeux.

Il se mit encore à chercher le testament. Nous ne le

trouvâmes que le lendemain, non sans peine. Il fallait le modifier, le compléter; Piot fit un effort et dicta lui-même d'un bout à l'autre ses volontés définitives.

Voici ce document où respirent le noble esprit de l'amateur, sa passion pour les arts et son patriotisme intelligent :

Je dois les meilleures jouissances de ma vie déjà longue, aux voyages, aux recherches sur l'histoire de l'art, aux études archéologiques et littéraires ; il n'est que juste de leur rendre un dernier hommage en leur consacrant tout ce qui restera de moi après ma mort, de façon à contribuer à leur développement et à l'encouragement de ceux qui les cultivent.

J'institue pour ma légataire universelle l'Académie des Inscriptions et Belles-Lettres de l'Institut de France. Après mon décès, valeurs, meubles et immeubles et objets quelconques m'appartenant seront réalisés[1], et le produit placé en rente sur l'État trois pour cent à son nom.

Ce legs universel est fait dans le but d'ajouter à l'indépendance et à la liberté d'action de l'illustre société, pour être employé à toutes expéditions, missions, voyages, fouilles ou publications qu'elle croira devoir faire ou faire faire dans l'intérêt des sciences historiques et archéologiques, soit sous sa direction personnelle par un ou plusieurs de ses membres, soit sous celle de toutes autres personnes désignées par elle.

Je donne et lègue à titre particulier :

1º au Musée du Louvre :

Mon lit italien et son couvre-lit en velours broché d'or ;

Un bas-relief en bois peint et doré ;

Une terre cuite de Donatello, avec son cadre ;

Une statue de bois peint et doré, représentant saint Christophe ;

Trois panneaux de bois marqueté ;

Un siège forme X en bois doré ;

Le buste de Michel-Ange en bronze ;

---

1. Les premières ventes ont eu lieu du 21 mai au 28 juin derniers.

La vente des objets d'art et tableaux a produit.		. . . .	354,681 fr. »
—	des antiques	—	144,228 fr. 50
—	des estampes	—	16,641 fr. »
—	des autographes	—	1,547 fr. 50

Les ventes de la Bibliothèque auront lieu en 1891.

Un tableau de Raphael, représentant la tête de sainte Élisabeth.

2° à la Bibliothèque Nationale, département des Estampes :

Un livre in-folio, contenant des gravures sur bois de Marc-Antoine ;

Un autre livre in-quarto, contenant une estampe de Marc-Antoine, intitulé *Beruttus ;*

Un autre livre contenant une petite estampe, représentant le Christ et saint Thomas d'Aquin.

. . . . , ...

4° à la classe des Beaux-Arts de l'Institut de France, une rente annuelle de 2,000 francs, destinée à récompenser alternativement une production de peinture et de sculpture, représentant un enfant nu, de huit à quinze mois. J'ai remarqué que la représentation de ces enfants avait surtout donné à l'école florentine une grande partie de ses délicatesses et qu'il était bon d'incliner nos artistes à représenter des enfants...

Le testament achevé, Piot fut plus calme : il avait accompli son devoir. La maladie même semblait s'apaiser et les jours passaient sans crise nouvelle. Piot savait que le dénouement était proche, il l'envisageait sans crainte ; mais il se croyait maintenant de force à retarder la terrible échéance : peut-être pourrait-il finir son hiver dans le Midi, en Italie ou en Sicile !

Dans ces moments de répit, il causait volontiers. Tantôt, il reprenait ses confidences techniques ; tantôt, il évoquait ses souvenirs de jeunesse, Germolles et les vignerons du pays ; le magasin de Montigneul et le cabinet de Brunet-Denon, son premier maître en curiosité ; les beaux jours de l'impasse du Doyenné ; les épisodes de ses voyages. Ou bien il parlait de ses amis, de Champfleury et d'Heilbuth qui venaient de mourir, de Gautier, de Godefroy Cavaignac, d'Alfred de Musset.

De temps à autre, et par fragments, il écrivait lui-même en tremblant, ou dictait ses recommandations dernières. Sa

vente le préoccupait. Ses instructions sont minutieuses sur les catalogues à faire, leur forme, leurs divisions, leurs illustrations : « Mon plus grand souci, dit-il, c'est l'inventaire et la vente des collections laissées après moi. Tout ce qui est chez moi est le recueil de ma vie, de mes plaisirs. Ces objets, je les aimais ; ils me rappelaient chacun un souvenir. Quel dommage que l'on ne puisse pas soi-même surveiller sa vente après sa mort ! »

L'accalmie dura peu. Le mal poursuivait sourdement son œuvre, envahissant le corps, la tête, et obscurcissant de jour en jour cette haute intelligence. Ni la vigilance du docteur, ni les soins dévoués de ses amis accourus au premier appel, rien ne pouvait désormais sauver le vieillard ; son heure était venue. Il expira le 17 janvier, à soixante-dix-sept ans.

APPENDICE

PORTRAIT D'EUGÈNE PIOT.
Dessin à la plume de Théophile Gautier (vers 1840).

THÉOPHILE GAUTIER
(Vers 1840)

L'objet le plus hideux que le lointain estompe
Prend un aspect charmant au regard qui s'y trompe.
Le mont chauve et rugueux doit à l'éloignement
Les changeantes couleurs de son beau vêtement.
Approchez ; ce ne sont que rocs noirs et difformes,
Escarpements abrupts, entassements énormes,
Sapins échevelés, broussailles au poil roux,
Gouffres vertigineux et torrents en courroux.
Je le sais, je le sais — déception amère !
Hélas ! j'ai trop souvent pris au vol ma chimère,
Je connais quels replis terminent ces beaux corps,
Et la sirène peut m'étaler ses trésors.
A travers sa beauté, je vois, sous les eaux noires,
Frétiller vaguement sa queue et ses nageoires.
Aussi ne vais-je pas, par avance ébloui,
Chercher sous d'autres cieux mon rêve épanoui.
Je ne crois pas trouver devant moi, toutes faites,
Au coin des carrefours, les strophes des poètes,
Ni pouvoir, en passant, cueillir à pleines mains
Les fleurs de l'idéal aux ronces des chemins ;
Mais je suis curieux d'essayer de l'absence,
Et de voir ce que peut cette lente puissance.
Je veux savoir quel temps, sans être enseveli,
Mon nom surnagera sur l'eau du noir oubli.

(Ce fragment inédit contient quelques variantes de la
1re pièce d'*España*. Note d'Eugène Piot.)

Versailles, tu n'es plus qu'un spectre de cité ;
Comme Venise au fond de son Adriatique,
Tu te meurs, et ton corps, vieille paralytique,
Chancelle sous le poids de son manteau sculpté.

Quel appauvrissement, quelle caducité !
Pourtant, nulle herbe encor ne grimpe à ton portique,
Tu n'es que surannée et tu n'es pas antique,
Mais tes rides n'ont pas la sévère beauté.

Ton éclat est passé, — courtisane de marbre ;
Et c'est en vain qu'assise à l'ombre de ton arbre,
Tu guettes le retour de ton royal amant.

Les eaux de tes jardins pour jamais se sont tues,
Versailles, — ton grand Roi dort sous son monument,
Et tu n'auras bientôt qu'un peuple de statues.

Cette variante, donnée par Th. Gautier à Eugène Piot, a été imprimée dans l'*Histoire des œuvres de Théophile Gautier*, par M. le vicomte de Spoelberch de Lovenjouls. Paris, Charpentier, in-8°. 1887.

GÉRARD DE NERVAL

(Fragment écrit pendant sa folie.) (Note d'Eugène Piot.)

On ne sait pas toujours où va porter la hache,
Et bien des souverains, maladroits ouvriers,
En laissent retomber le coupant sur leurs pieds !
. . . .
Que d'ennuis dans un front la main de Dieu rassemble
Et donne pour racine aux fleurons du bandeau !
Pourquoi met-il encor ce pénible fardeau
Sur ma tête aux pensers tristes abandonnée,
Et souffrante, et déjà de soi-même inclinée !
Moi qui n'aurais aimé, si j'avais pu choisir,
Qu'une existence calme, obscure et sans désir,
Une pauvre maison dans quelque bois perdue,
De mousse, de jasmins et de vigne tendue ;
Des fleurs à cultiver, la barque d'un pêcheur,
Et de la nuit sur l'eau respirer la fraîcheur ;
Prier Dieu sur les monts, suivre mes rêveries
Par les bois ombragés et les grandes prairies,
Des collines, le soir, descendre le penchant,
Le visage baigné des lueurs du couchant,
Quand un vent parfumé vous apporte en sa plainte
Quelques sons affoiblis d'une ancienne complainte...
Oh ! ces feux du couchant vermeils, capricieux,
Montent, comme un chemin splendide, vers les cieux !...

Il semble que Dieu dise à mon âme souffrante :
Quitte le monde impur, la foule indifférente,
Suis d'un pas assuré cette route qui luit
Et, viens à moy, mon fils et — n'attends pas la NUIT!!!

EUGÈNE PIOT A M. BARBET DE JOUY
Administrateur du Musée du Louvre

Paris, 29 juillet 1879.

Monsieur, je crois répondre à votre pensée en ne différant pas de m'expliquer sur les ouvertures que vous m'avez faites samedi dernier, relatives à l'acquisition par le Musée du Louvre de quatre objets de ma collection.

Je dois vous remercier d'abord d'avoir bien voulu prendre l'initiative de cette proposition que je regarde comme très flatteuse pour mon cabinet et pour l'amateur qui l'a formé.

La question de valeur vénale, toujours un peu embarrassante, lorsqu'il s'agit d'œuvres d'art rares et que l'on aime, demande quelques explications dans lesquelles je vous prie de vouloir bien me suivre pour ne pas répondre, en deux mots, par un chiffre brutal, à une proposition aimable.

1º La jambe couverte d'une cnémide, de bronze, provenant d'une statue grecque plus grande que nature.

Cet objet a eu l'honneur d'être demandé, il y a quelques années, par le *British Museum* de Londres, qui y pense encore. M. Feuardent, négociant bien connu, consulté d'un commun accord, a été d'opinion qu'elle pouvait être payée 4,000 livres sterling.

2º Deux enfants de bronze, par Donatello, très admirés à la dernière Exposition du Trocadéro; il m'en a été offert 60,000 fr.

3º J'estime la tête de Michel-Ange, vrai et admirable monument, 100,000 fr.

4º Le livre d'études de dessin sur vélin, d'Andrea Orcagna, 20,000 fr.

Je n'avais nulle pensée de vendre les plus belles pièces d'une collection quatre fois plus considérable, qui me sont chères à plus d'un titre, et que je possède depuis plus de vingt ans. Mais, puisque le Louvre me fait l'honneur de les désirer, cela modifie beaucoup cette volonté de vendre et même le prix que l'on y attache. Placées dans notre Musée, elles resteront encore un peu ma propriété comme citoyen français. Je lui céderai donc ces quatre objets pour 200,000 fr.;

avec toute facilité, s'il le désire, de les faire prendre chez moi et de les exposer dans une salle particulière pour les soumettre préalablement à un public choisi, avant la vente;

avec la facilité encore de les payer en trois annuités, si cela entre dans les convenances et dans les habitudes de l'Administration.

Ce côté brutal énoncé, permettez-moi, Monsieur, quelques mots encore. Vous connaissez mieux que moi le prix des choses d'art. On paie 100,000 fr. un Téniers ou un Hobbema, dont on rencontre les équivalents dans vingt collections. Le *British Museum* a payé, il y a quelques années, 175,000 fr. une belle tête de bronze. C'était une tête, il est vrai, mais le fragment de statue que je possède, par la beauté du développement anatomique, le masque de Gorgone dont il est orné, son style grandiose et même sa patine, est d'une valeur artistique que rien ne saurait surpasser.

Toutes les grandes œuvres de Donatello sont classées, vous le savez. C'est à peine si le Musée de Florence peut offrir l'équivalent de mes deux enfants de bronze, plus grands que nature; je parle des œuvres de bronze du même artiste qu'il possède.

Que dirai-je du portrait de Michel-Ange Buonarotti, si vivant et si pur. Un simple surmoulé, ayant perdu une partie du sentiment qui éclate dans celui que vous me demandez, est un objet d'admiration universelle au Musée du Capitole, à Rome. L'original, fait sous la direction du grand artiste, était perdu; je l'ai retrouvé. Il vous appartient, Monsieur, de le fixer définitivement en France d'une façon très sûre. Vous savez quel prix les marbres Strozzi ont été payés par le Musée de Berlin.

Enfin le cahier de dessins d'Andrea Orcagna composé de 14 feuillets, 28 pages couvertes de compositions très terminées, est un manuscrit unique, qui renferme à lui seul plus de dessins sur vélin d'un grand artiste du xive siècle qu'on n'en pourrait réunir en rassemblant tous ceux des grands cabinets de Berlin, de Vienne et de Londres. On croyait, en Italie, ces dessins de Giovanni Santi; le recueil paraît tout au moins lui avoir appartenu.

Je n'ajouterai rien, Monsieur, à ces quelques explications. Je souhaite bien vivement, pour l'honneur de notre Musée et pour le mien, que la proposition que je vous fais vous paraisse acceptable, bien que dépassant peut-être les ressources que le budget met à votre disposition, et vous prie d'agréer, etc.

Eug. Piot.

Paris, 7 août 1879.

Cher Monsieur, j'ai communiqué hier au comité des conservateurs la lettre que vous m'avez fait l'honneur de m'écrire.

L'acquisition dont vous me soumettez les bases n'a pas été votée.

J'ai voulu vous en instruire sans retard et vous remercier des facilités que vous cherchez à m'offrir dans une négociation dont je vous ai fait connaître du premier mot les conditions en mon pouvoir.

Agréez, etc.

Barbet de Jouy.

LISTE

DE

QUELQUES-UNES DES PIÈCES ACQUISES PAR EUGENE PIOT

1846

Florence. — Vierge de Rosellino; tête de Donatello (Collection Dreyfus); buste de Dietisalvi Neroni (Collection Dreyfus); enfant tenant un écusson, (école de Michel-Ange); tête de bronze de Ghiberti; sonnette; médaillon. — 1,150 fr.

1847

La Fratta. — Scipion, bas-relief, 15 écus. (Collection Rattier.)
Venise. — Collection des médailles du xve siècle du comte Valmarana, 10,000 fr.
Genève. — 350 lettres de Voltaire à Cramer, 500 fr.

1852

Venise. — L'Atelier de la Rosalba.

1855

Milan (?). — Le Berrutus. (Légué au Cabinet des Estampes.)

1857

FLORENCE. — La Vierge et l'Enfant, terre cuite de Donatello, 200 fr. (Légué au Louvre.)
FLORENCE. — Couvercle d'encrier de Riccio, 60 fr.
PÉROUSE. — Sainte Élisabeth, de Raphael, 50 fr. (Légué au Louvre.)
ROME. — Vase de bronze du xve siècle, 200 fr.

1858

BOLOGNE. — Tête de Michel-Ange, 2,500 fr. (Légué au Louvre.)
VENISE. — Saint Sébastien, bas-relief de bronze. (Collection André.)
SIENNE. — Saint Christophe en bois peint, 460 fr. (Légué au Louvre.)
PADOUE. — Lit de bois doré, 800 fr. (Légué au Louvre.)

1859

BOLOGNE. — Grand vase en bronze, 1,200 fr.
NAPLES. — Jambe antique de bronze, avec différents objets, 1,700 fr. (Appartient au *British Museum.*)

1860

PARIS. — Statue antique d'Harpocrate, 2,200. (Vente Fould.)

1864

NAPLES. — Dos de cuirasse de bronze antique, 110 fr.
MILAN. — Buste d'Octave Farnèse, 2,300 fr. (Collection Spitzer.)
VENISE. — Buste par Alessandro Vittoria, 1,050 fr.

1865

FOGGIA. — Statue d'enfant, bronze antique, 318 fr. 75 cent. (*British Museum.*)
FLORENCE. — Cicéron, buste en marbre, 340 fr.
VENISE. — Portrait de la Rosalba, 40 fr.

1866

PARIS. — Deux enfants de bronze, 3,045 fr. (Vente Signol.)

1867

MILAN. — La Foi, statuette de marbre, 60 fr.
ROME. — Livre de dessins attribués à Orcagna, 200 fr.

1868

Munich. — Suite de petits portraits à la mine de plomb, 80 fr.

1869

Chypre. — Collection Cesnola, 3,500 fr.

1870

Venise. — Bibliothèque du comte Valmarana, 10,000 fr.
— Baigneuse assise, de Falconet, 430 fr.
— Portrait de Doge, 325 fr.
Florence. — Grand plat de Deruta, tête de femme, 450 fr.

1871

Venise. — Deux vases de Sèvres; deux candélabres, de Gouthières; une pendule, du même; un lot de dentelles. — 8,000 fr.
Venise. — Chenets Louis XV, 4,000 fr.

1872

Paris. — Deuxième acquisition Cesnola, 3,000 fr.
Athènes. — Ornements funéraires en or, 300 fr.
— Timon de char, 550 fr.
— Figurines de Tanagra.

1873

Madrid. — Esquisse de plafond, par Tiepolo, 525 fr.
— Grands écussons de faïence à reflets, 100 fr. la pièce.

1874

Constantinople. — Six casques arabes damasquinés, 150 à 200 fr. chaque.
Venise. — Trois médaillons de l'Histoire d'Orphée, 30 fr.
Bologne. — Livre de dessins de Aleotti de Ferrare, 100 fr.

1875

Padoue. — Trois panneaux de mosaïque de bois, 300 fr. (Légués au Louvre.)
Florence. — Les Douze Sibylles, estampes, 600 fr. (Musée de Berlin.)
Venise. — Banderole de plaques émaillées, 3,000 fr. (Collection Spitzer.)
— Lucrèce, marbre de Baccio Bandinelli, 1,200 fr.
— Casque en fer, forme de tête humaine laurée, 500 fr.

1876

BOLOGNE. — Faune assis, bronze de Riccio, 1,100 fr.
VENISE. — Guardi, Intérieur du Ridotto, 1,250 fr.

1877

FLORENCE. — Deux petits bustes en terre cuite peinte : saint Jean et Jésus enfant, 1,100 fr.
BOLOGNE. — Un Roi turc et une Jeune Fille, estampes du xve siècle, 2,000 fr. (Musée de Berlin.)

1879-1880

VENISE. — Plaque en faïence camaïeu bleu, 2,800 fr. (Collection Spitzer.)
FLORENCE. — Suite d'estampes peintes par Fra Filippo Lippi, 1,800 fr.

1881

FLORENCE. — Panthère, bronze grec, 150 fr.
VENISE. — La Vierge et l'Enfant Jésus, grand bronze de Sansovino, 200 fr.

1882

PARIS. — Deux grands médaillons de bronze, 2,500 fr.
BEYROUTH. — Acquisitions Peretié.

1886

MILAN. — Bassin (*missorium*) d'argent, 10,000 fr.

DISCOURS

PRONONCÉ

SUR LA TOMBE D'EUGÈNE PIOT

PAR M. GEORGES PERROT

Membre de l'Institut, Directeur de l'École Normale.

M. Eugène Piot est né en 1812, c'est tout ce que savent de ses premières années ceux qui, comme moi, ne l'ont connu que dans sa vieillesse. Des compagnons de sa jeunesse, bien peu sont encore en vie et pourraient nous parler de ses débuts. Les plus curieux souvenirs que je lui aie entendu évoquer, dans des conversations auxquelles j'ai trouvé parfois un plaisir singulier, ce sont ceux du romantisme militant, aux environs de 1830. Il faisait partie d'un petit groupe qui se réunissait dans l'impasse du Doyenné, groupe dont Théophile Gautier et Gérard de Nerval ont été les membres les plus en vue; s'il n'eût été paresseux d'écrire, il aurait pu laisser un vivant tableau de ces années joyeuses et bruyantes où l'on préludait, par l'étrangeté des allures, de la vie et du costume, à des œuvres dont quelques-unes ont laissé leur trace dans les lettres françaises. M. Piot, d'après ce qu'il me racontait, n'était pas alors des moins ardents et des moins fous, des moins préoccupés d'étonner le bourgeois, des moins passionnés à la grande bataille d'*Hernani*.

Il n'a point, à notre connaissance, signé de livres ou de manifestes retentissants; mais à côté de ceux qui produisent, il y a ceux qui encouragent de leur sympathie et de leurs applaudissements, qui, parfois, suggèrent les idées, quoiqu'il leur manque la puissance de les étreindre et de les féconder. C'est ce rôle que Piot a dû jouer; il avait l'intelligence trop vive et trop originale pour n'avoir pas beaucoup donné à ceux dont il était le commensal et l'ami. Dans toute école qui prétend créer une forme nouvelle et s'imposer ainsi au public, à côté des chefs de file,

seuls connus de la foule, il y a les confidents et les promoteurs inconnus, ceux dont un conseil ou une plaisanterie remet les choses au point, dont un mot, lancé dans l'intimité d'un repas ou d'une soirée de conversation, éveille parfois l'esprit des coryphées du cénacle, leur indique un sujet, les met sur la voie d'un livre et d'un succès dont ils garderont pour eux toute la gloire.

J'imagine — personne n'a pu me renseigner à ce sujet — que c'est par le romantisme que M. Piot a été conduit à ce qui a été l'emploi, la passion, et, l'on peut dire, l'honneur de sa vie, à ce que nos pères appelaient la *Curiosité*. On sait combien les romantiques avaient le goût du décor et de ce qu'ils nommaient la couleur locale, comment ils ont remis le Moyen-Age et son architecture à la mode, et comme ils aimaient à placer les scènes de leurs drames dans l'Italie ou l'Espagne de la Renaissance, ce qui les conduisait à en rechercher et à en admirer, un peu au hasard d'abord et sans aucune critique, ces étoffes, ces meubles et ces armes dont ils se plaisaient à faire sonner les noms dans leurs vers. Piot y regarda de plus près ; ce fut son originalité. Il était le compagnon de Théophile Gautier dans ce voyage en Espagne que celui-ci a raconté avec tant de verve et de talent dans le volume qu'il a intitulé *Tra los Montes*. Pendant que l'incomparable descripteur fixait dans sa prodigieuse mémoire l'aspect des paysages castillans et andalous ainsi que la physionomie des hommes qui peuplaient les villes et les campagnes de la péninsule, Piot entrait chez les brocanteurs de Burgos ou de Madrid, de Séville ou de Tolède ; il retournait, il examinait, il commençait à acheter ces bahuts et ces crédences, ces vases, ces sculptures de bois ou de terre cuite que la ruine de la noblesse et la sécularisation des couvents avaient jetés chez des marchands qui ne trouvaient point à s'en défaire et les cédaient à vil prix. Piot a été le premier à remarquer l'éclat et la beauté de ces faïences hispano-arabes qui ont aujourd'hui une si haute valeur ; c'est lui qui les a signalées, qui les a indiquées à M. Davillier.

Dans ce voyage, Piot avait pris goût à cette chasse ; elle a, plus qu'aucune autre, ses surprises, ses hasards, ses chances et ses émotions qui font parfois battre le cœur à le rompre. Avant ou après l'Espagne, je ne sais, il visita l'Italie, et, depuis lors, prit l'habitude d'y retourner tous les ans ; il s'y créa assez de relations pour être averti de toutes les occasions et pour savoir où chercher, où trouver les choses rares. Il fut un des premiers à goûter les maïoliques, à en distinguer les différentes fabriques, à fournir les moyens de les classer et de les apprécier. On peut dire que, avant personne autre, il sentit le charme exquis et la beauté des ouvrages de la statuaire florentine du xve siècle. Beaucoup de chefs-d'œuvre de cet art si noble et si charmant ont passé par ses mains, avant d'entrer dans d'autres cabinets dont ils ont fait l'orgueil ou dans les principales galeries de l'Europe. De même pour les vieilles estampes et pour les livres à figures; personne ne fit en ce genre plus de trouvailles heureuses. Quelques années après être entré dans cette voie, c'était déjà un connaisseur incomparable comme l'attestent les quatre premiers volumes du *Cabinet de l'Amateur*, recueil périodique qu'il fonda en 1842 et dont la première série forme quatre volumes (1842-1846) ; il y avait des collaborateurs dont plusieurs sont devenus des maîtres en ces études; mais c'était surtout lui qui y tenait la plume, c'est lui qui y menait, contre les demi-connaisseurs et les faux savants, une polémique toujours piquante et qui avait parfois ses cruautés, lui qui y signalait les ouvrages vraiment beaux, avec une vivacité primesautière où l'on sentait toute la chaleur de la passion qui l'animait.

Ce fut plus tard qu'il vint à l'antiquité. Après avoir parcouru plusieurs fois l'Espagne et l'Italie, après avoir exploré en tout sens la Renaissance, il sentit le besoin d'élargir son horizon et commença de visiter la Grèce, la Syrie et l'Égypte. Il avait repris, en 1861, la publication du *Cabinet de l'Amateur*. Mais cette seconde série n'eut qu'un volume, et le temps de l'infatigable chercheur resta libre pour de longs voyages qui le retenaient souvent des mois entiers hors de France.

Dans ces missions qu'il se donnait ainsi, nous le retrouvons tel qu'il avait été dans la première partie de sa vie, toujours à l'avant-garde, un précurseur en tout chemin où il s'engage. Il fut un des premiers à acquérir des figurines de Tanagre, avant que les marchands d'Athènes, encouragés par le succès, eussent commencé de les retoucher et de les repeindre ; il rapporta en France les premiers vases et les premières statuettes cypriotes que l'on eût encore vues ; il avait su choisir ces monuments avec un goût auquel j'ai déjà rendu hommage ailleurs, parmi les plus étranges et les mieux conservés qu'eussent fait sortir de terre des fouilles dont l'importance et l'avenir n'étaient pas encore soupçonnés des archéologues. A côté de ces séries, on trouve dans sa collection d'antiquités des représentants de presque tous les genres qu'a créés le génie plastique de la Grèce, et, lorsque ces morceaux, destinés à se disperser prochainement, passeront sous les yeux des amateurs, je ne crois pas que l'on y trouve une seule pièce fausse ou même suspecte.

Y a-t-il beaucoup de collections et des plus vantées dont il serait possible d'en dire autant ? Bien peu de ces objets ont été acquis dans les ventes ; presque tous l'ont été sur place, pour ainsi dire encore tout couverts de la poussière du tombeau où ils avaient si longtemps séjourné.

C'est à propos de cette partie de son cabinet que je suis entré en relations avec lui. Quand j'ai commencé à écrire l'*Histoire de l'Art dans l'Antiquité*, je me suis préoccupé de chercher dans les collections privées, pour en reproduire quelques-uns, des monuments qui fussent moins connus que ceux des galeries publiques. J'allai le voir, non sans quelque appréhension, il m'avait été dépeint comme d'humeur assez difficile ; il se plaisait, m'avait-on dit, à dérouter parfois la curiosité, à tromper par des taquineries les espérances qu'il avait fait naître en laissant croire à des communications qui se trouvaient être, en dernier lieu, éludées ou refusées. Je ne rencontrai rien de pareil ; j'ai reçu l'accueil le plus large et le plus libéral. J'ai passé bien des heures heureuses dans son appartement de la rue Saint-Fiacre, à mettre la main dans ses vitrines et dans ses tiroirs, à l'interroger sur les provenances, à écouter ses observations sur les questions de style et de technique ; j'ai pu faire photographier ou dessiner tous les objets dont il m'a convenu de donner l'image, et ce sera pour moi un grand chagrin et une perte réelle que de ne pouvoir profiter encore de ses conseils, maintenant que je vais aborder la partie la plus difficile de ma tâche, l'histoire de l'art grec.

Au cours de nos conversations, il m'avait entretenu de son projet de léguer sa fortune à l'Académie des Inscriptions ; son idée première était de fonder des prix et de fixer, par son testament, les conditions où ils seraient donnés et les sujets qui seraient traités. Éclairé par l'expérience, je lui dis quelles difficultés les corps savants rencontraient souvent, en pareil cas, à exécuter les volontés du testateur. On propose les sujets ; personne ne se présente pour les traiter ou du moins pour les traiter avec l'ampleur et la compétence qui justifieraient l'octroi de la haute récompense promise. On cherche à appeler l'attention des esprits curieux sur certaines questions ; mais les hasards des découvertes qui se sont produites les entraînent dans d'autres directions. Avec son ferme bon sens, M. Piot comprit la portée de mes objections et, quand il y a deux mois, se sentant atteint par la maladie qui nous l'a enlevé, il me fit l'honneur de me demander d'être l'un de ses exécuteurs testamentaires, il avait modifié complètement ses dispositions premières ; je ne saurais mieux rendre hommage à sa mémoire que de faire connaître ici l'intelligente libéralité avec laquelle il s'en remet au jugement et à l'appréciation de l'Académie pour que le meilleur emploi possible soit fait de la fortune qu'il nous lègue :

« Je dois, dit-il dans son testament, les meilleures jouissances de ma vie déjà longue, aux voyages, aux recherches sur l'histoire de l'Art, aux études archéologiques et littéraires ; il n'est que juste de leur rendre un dernier hommage en leur consacrant tout ce qui restera de moi après ma mort, de façon à contribuer à leur développement et à l'encouragement de ceux qui les cultivent.

« J'institue pour ma légataire universelle l'Académie des Inscriptions et Belles-Lettres de l'Institut de France. Après mon décès, valeurs, meubles, immeubles et objets quelconques m'appartenant, seront réalisés et le produit placé en rente sur l'État trois pour cent à son nom.

« Le legs universel est fait dans le but d'ajouter à l'indépendance et à la liberté d'action de l'illustre société, pour être employé à toutes expéditions, missions, voyages, fouilles ou publications qu'elle croira devoir faire faire dans l'intérêt des sciences historiques et archéologiques, soit sous sa direction personnelle par un ou plusieurs de ses membres, soit sous celle de toutes autres personnes désignées par elle.

« De plus, une rente de deux mille francs est laissée à l'Académie des Beaux-Arts pour récompenser un ouvrage de peinture ou de sculpture exécuté d'après un modèle d'enfants. J'ai remarqué, dit-il, que la représentation des petits enfants avait surtout donné à l'École florentine une grande partie de ses délicatesses, et qu'il était bon d'incliner nos artistes à représenter les enfants. »

Enfin, des legs d'ouvrages de choix sont faits au Louvre et au Cabinet des estampes de la Bibliothèque nationale.

Au moment où il appela son notaire pour rédiger le testament dont je viens de citer quelques extraits, M. Piot lui disait, non sans un soupir de regret : « Il va falloir quitter toutes ces belles choses que j'ai tant aimées ! » Au moins emportait-il, grâce aux résolutions qu'il avait prises avec la présence d'esprit de l'homme de cœur qui sait regarder en face l'inévitable, cette consolation que la trace de son activité laborieuse et éclairée ne s'effacera pas, que son nom vivra dans nos collections, lié à de beaux ouvrages que l'on admirera toujours, qu'il vivra surtout par l'usage que fera des revenus qu'il dispose entre ses mains la grande Compagnie savante qu'il a instituée sa légataire. La liberté qu'il lui laisse lui permettra de trouver toujours un emploi utile pour les fonds dont elle va disposer. Ce sera la dotation permanente et le fonds de réserve de ces études archéologiques où le progrès ne s'accomplit pas sans des fouilles coûteuses et sans des publications qui, elles aussi, exigent parfois de grandes dépenses.

En disant adieu à l'ami que nous ne reverrons plus, nous pouvons donc lui rendre ce témoignage qu'il a bien rempli sa vie, que la patrie et la science profiteront largement de ces trésors qu'il avait su réunir autour de lui ; tous les amateurs qui se les disputeront aux enchères pourront ainsi se dire en conscience qu'ils s'associent à une généreuse pensée, à une œuvre libérale et vraiment patriotique.

www.ingramcontent.com/pod-product-compliance
Lightning Source LLC
LaVergne TN
LVHW021718080426
835510LV00010B/1030